International Corporate
Public Affairs Management

Europäische Hochschulschriften
European University Studies
Publications Universitaires Européennes

Reihe XL **Kommunikationswissenschaft und Publizistik**

Series XL Communication

Série XL Media et Journalisme, Communications

Band/Volume **108**

Thomas Beck

International Corporate Public Affairs Management

Politische Kommunikationsnetzwerke Multinationaler Unternehmen

Bibliografische Information der Deutschen Nationalbibliothek
Die Deutsche Nationalbibliothek verzeichnet diese Publikation in der
Deutschen Nationalbibliografie; detaillierte bibliografische Daten sind
im Internet über http://dnb.d-nb.de abrufbar.

Gedruckt mit Unterstützung der Audi AG

Audi
Vorsprung durch Technik

ISSN 0176-3725
ISBN 978-3-631-66706-4 (Print)
E-ISBN 978-3-653-06210-6 (E-Book)
DOI 10.3726/978-3-653-06210-6

© Peter Lang GmbH
Internationaler Verlag der Wissenschaften
Frankfurt am Main 2016
Alle Rechte vorbehalten.
PL Academic Research ist ein Imprint der Peter Lang GmbH.
Peter Lang – Frankfurt am Main · Bern · Bruxelles · New York · Oxford · Warszawa · Wien

Das Werk einschließlich aller seiner Teile ist urheberrechtlich geschützt.
Jede Verwertung außerhalb der engen Grenzen des Urheberrechtsgesetzes ist
ohne Zustimmung des Verlages unzulässig und strafbar.
Das gilt insbesondere für Vervielfältigungen, Übersetzungen, Mikroverfilmungen
und die Einspeicherung und Verarbeitung in elektronischen Systemen.

Diese Publikation wurde begutachtet.

www.peterlang.com

Abstract

Deutsch

Seit drei Dekaden beschäftigt sich die internationale Forschung nun schon mit Corporate Public Affairs Management. Der Mangel an perspektivischer Vielfalt, theoretischer Fundierung und geeigneten Instrumenten zur Rekonstruktion und Analyse des komplexen politischen Beziehungsmanagements Multinationaler Unternehmen ist dabei mehr als offenkundig und Anlass genug, politische Kommunikation von und durch Unternehmen als Beziehungsphänomen erstmals umfassend theoretisch zu beschreiben und mithilfe eines Netzwerkmodells einen analytischen Bezugsrahmen für die Erfassung, Beschreibung und Bewertung kommunikativer politischer Einflussbeziehungen auszuarbeiten. Die vorliegende wissenschaftliche Abschlussarbeit kreiert deshalb Schritt für Schritt das analytische Modell eines Corporate Public Affairs Netzwerkes und fundiert dieses interdisziplinär theoretisch. Dabei werden Schlüsselbegriffe, Konzepte, Typologien und Variablen aus dem Issues- und Stakeholdermanagement, der Politikfeldanalyse, der Politischen Tauschtheorie und der kommunikative Theorie des Lobbying befruchtet und mit dem Netzwerkansatz verknüpft. Das Ergebnis ist eine neu geschaffene Forschungsheuristik, die es erstmals möglich macht, politische Unternehmenskommunikation aus relationaler Perspektive heraus zu betrachten und themenzentrierte politische Anspruchsgruppenkommunikation zu analysieren.

Schlüsselbegriffe: Internationales Corporate Public Affairs Management, Politische Unternehmenskommunikation, Unternehmenslobbying, Politische Kommunikationsnetzwerke

English

For three decades international research efforts have been focused on Corporate Public Affairs Management. The lack of perspective diversity, theoretical frameworks and appropriate instruments for the reconstruction and analysis of the complex political relationship-management of multinational corporations is more than obvious, and reason enough to describe political communication by corporations in a comprehensive manner theoretically as a relational phenomenon and to develop an analytical framework for the description and analysis of communicative relations of political influence. The thesis therefore stepwhise creates the analytical model of an Corporate Public Affairs Network and furthermore tries to provide the appropriate theoretical framework for it. It takes key terms, concepts, typologies and variables out of the issues- and stakeholdermanagement, the public policy analysis, the political exchange theory as well as the communicative theory of lobbying literature and combines them with the network approach. The result is a entirely new research heuristic, which for the first time ever allows researchers to look at political corporate communication out of a relational perspective as well as to analyze issue-centered political stakeholdercommunication.

Keywords: International Corporate Public Affairs Management, Political Corporate Communication, Corporate Lobbying, Political Communication Networks

Geleitwort

Corporate Public Affairs sind für die Wissenschaft ein unbequemer Forschungsgegenstand, entziehen sie sich doch den Abgrenzungen, die so gerne zwischen den hochspezialisierten Fachdisziplinen gezogen werden. So liegen zwar etliche relevante Studien zum Gegenstand vor, doch diese basieren kaum auf einer gemeinsamen begrifflichen Grundlage und einem konsentierten empirischen Forschungsstand. Vor diesem Hintergrund ist es das Anliegen dieser Arbeit, ein umfassendes theoretisches Modell für die Untersuchung von Corporate Public Affairs zu entwickeln. Hierzu integriert Herr Beck drei Perspektiven: eine inhaltliche, eine akteurszentrierte sowie eine relationale. Um die inhaltliche Perspektive zu entwickeln, stützt sich Herr Beck auf die Literatur zum Issues Management. Er grenzt dabei Issues von Policies ab und kategorisiert Themen anhand verschiedener Attribute. Schließlich verknüpft er die Forschung zu Issues und Policies mit der Literatur zur politischen Regulierung, um auf diese Weise Themenyypen und Themenattribute der Corporate Public Affairs zu identifizieren. Um die akteurszentrierte Perspektive zu entwickeln, stützt sich der Verfasser auf die Literatur zum Stakeholder Management. Er entfaltet eine Typologie von Stakeholdern, unterscheidet zwischen externen und internen Stakeholdern und gliedert diese weiter auf. Auf diese Weise erarbeitet er ein Verständnis von Corporate Public Affairs als themenzentriertem Stakeholder Management. Im letzten Schritt entwickelt Herr Beck eine relationale Perspektive auf Public Affairs als politischem Kommunikationsnetzwerk. Zu diesem Zweck stellt er knapp die zentralen Überlegungen der sozialen Netzwerkanalyse dar und verknüpft diese mit dem Ansatz des akteurszentrierten Institutionalismus. Damit hat er die theoretische Grundlage geschaffen, um Corporate Public Affairs als Stakeholder-Netzwerk, Issue-Netzwerk und Policy-Netzwerk hypothetisch zu beschreiben. Das Ergebnis der theoretischen Ausarbeitung mündet schließlich in der modellhaften Beschreibung von Corporate Public Affairs als mehrdimensionalem Netzwerk.

Der Erkenntnisgewinn dieser Arbeit besteht vornehmlich darin, dass ein schlüssiges Modell der Corporate Public Affairs vorgelegt wird, das sowohl erste Ansatzpunkte für die weitere Erforschung der Public Affairs bietet als auch Anknüpfungspunkte für das praktische Public-Affairs-Management. So stellt die Arbeit einen guten Ausgangspunkt dar, um darauf aufbauend notwendige Operationalisierungen und kritische Erweiterungen vorzunehmen.

Berlin, Oktober 2015   Prof. Juliana Raupp
                                                              Freie Universität Berlin

Geleitwort

Der moderne Betrieb hat sich von seiner Rolle als reiner Marktakteur emanzipiert. Die rein ökonomische Wertschöpfungsorientierung der klassischen Managementlogik wurde infolge dessen um die Quantität und Qualität betrieblicher *social embedded- und responsiveness* als kritische Werttreiber ergänzt. Das politische Umfeld des Unternehmens nimmt demnach eine Schlüsselrolle als Bezugsgröße betrieblicher Entscheidungen und Bestimmungsgröße unternehmerischen Erfolges ein. Gerade die Fahrzeugindustrie ist hier besonders betroffen, handelt es sich bei Automobilen doch um hochkomplexe Produkte, die umfänglich reguliert werden. Vom Produkt über Produktion hin zu verschiedensten Aspekten der Unternehmensführung, nahezu nichts geschieht heute mehr ohne politische Steuerung. Aufgabe von Politikarbeit als Unternehmensfunktion ist es, das Unternehmen anzubinden, ihm Zugang und Gehör zu verschaffen und Entscheidungen auf allen Ebenen und Stufen des Gesetzgebungsprozesses zu begleiten. Dabei stehen wir bei Audi für eine Interessenvertretung, die mit guten Argumenten überzeugen möchte und auch öffentliche Kritik nicht scheut. Wir begreifen politische Interessenvertretung nicht nur als elementaren Teil des demokratischen Meinungsstreites, sondern auch Ausdruck unserer gesellschaftlichen Verantwortung, die wir als Premium-Marke des Volkswagen Konzerns mit unseren 17 Produktionsstandorten und rund 80.000 Mitarbeitern weltweit tragen. Eine der wohl größten Herausforderungen in unserer politischen Arbeit besteht dabei darin, neue Wege zur Bewältigung der stetig zunehmenden Komplexität dieser wichtigen Managementaufgabe zu finden. Schließlich werden immer mehr Produkte in immer mehr Märkten mit den unterschiedlichsten Standards und innerhalb verschiedenster politischer Rahmenbedingungen produziert und vertrieben. Um dieser neuen Unübersichtlichkeit Herr zu werden, braucht es intelligente Ansätze für internationale Politikarbeit. Die Arbeit von Herrn Beck leistet hierfür einen wichtigen konzeptionellen Beitrag. Sukzessive stellt sie ein netzwerkanalytisches Themen- und Stakeholder-Analysemodell vor, mit dem politische Interessenvertretung in diversen Märkten weltweit erfasst, visualisiert und analysiert werden kann. Dieser neuartige Ansatz zur Evaluation politischer Arbeit ist, ganz im Sinne unseres Firmenethos, ein

‚Vorsprung' und leistet nicht nur einen wichtigen Beitrag zur Praxis, sondern eben auch Grundlagenforschung. Gerade deshalb ist es nur folgerichtig, dass sie nun auch als Fachbuch erscheint und der *scientific community* zur Verfügung gestellt wird.

Ingolstadt, August 2015   Dr. Brian Rampp
                                                                               Leiter Politik, Audi AG

Vorwort & Danksagung

Die politische Szenerie in Entscheidungszentren weltweit hat sich fundamental gewandelt. Sie ist komplexer, schnelllebiger und unübersichtlicher geworden. Regulierungen nehmen stetig zu, betreffen immer mehr Facetten der Geschäftstätigkeit und können starke negative Auswirkungen auf den Geschäftserfolg haben. Als Funktion hat Public Affairs die Aufgabe diesen Entwicklungen gegenzusteuern, das Unternehmen politisch anzubinden, Zugänge zu schaffen und Einfluss zu nehmen. Wie aber sehen diese Einflussbeziehungen konkret aus? Welche Akteure sind involviert? Und an welchen Themen wird gearbeitet? Diese und andere Fragen stellen sich nicht nur Akademiker, sondern auch Praktiker. Dabei mangelt es jedoch grundlegend an geeigneten Verfahren zur Rekonstruktion und Analyse von Corporate Public Affairs Management, an durchdachten Modellen zur Erfassung, Bewertung und Beobachtung politischer Anspruchsgruppenkommunikation. Eben genau hier setzt diese Arbeit an. Mit der Konstruktion eines netzwerkanalytischen Modells wird erstmals eine interdisziplinär theoretisch fundierte Forschungsheuristik für die Beschreibung und Analyse von Corporate Public Affairs Management vorgestellt und damit internationale politische Unternehmenskommunikation aus einer vollkommen neuen, relationalen Perspektive heraus betrachtet.

Zum Zustandekommen der Arbeit haben eine Reihe von Personen beigetragen, denen ich hier ausdrücklich danken möchte. Besonderer Dank gilt meiner Betreuerin und Erstgutachterin Prof. Dr. Juliana Raupp, die mir mit ihrem freundlichen und kompetenten Wesen stets zur Seite stand. Darüber hinaus danke ich meinem Vorgesetzten und Mentor Dr. Brian Rampp, der mich als Leiter der Regierungsbeziehungen der Audi AG in meinem Vorhaben stets ermutigt hat und mir die Möglichkeit gab, im Rahmen einer mehrmonatigen Entsendung im Public-Affairs-Department der Volkswagen Group of America auch praktische Erfahrungen im Bereich des Internationalen Corporate Public Affairs Managements zu sammeln und mir die Freiheit ließ, vor Ort Gespräche mit Fachvertretern zu führen und in Bibliotheken zu recherchieren, um so tiefere Einblicke in den nordamerikanischen Forschungsstand zu erlangen. Mein ausdrücklicher Dank gilt ferner der Begabtenförderung der

Friedrich-Naumann-Stiftung für die Freiheit für deren langjährige finanzielle und ideelle Förderung, die mir das Studium in Eichstätt, Berlin, Washington und Brüssel und damit auch diese Arbeit überhaupt erst ermöglichte. Darüber hinaus danke ich dem Public Affairs Council in Washington, der MSL-Group und APCO für die kostenfreie Bereitstellung ihrer Publikationen.

Augsburg, Juli 2015   Thomas Beck, M.A.

Inhaltsverzeichnis

1 Public Affairs als Relationales Phänomen 15
   1.1 Problemstellung und Untersuchungsanliegen 15
   1.2 Erkenntnisinteresse, Konzeption und Aufbau der Arbeit 17

2 Public Affairs in Multinationalen Unternehmen 19
   2.1 Multinationale Unternehmen als politische Akteure 19
   2.2 Public Affairs als Schnittstellenfunktion 21
   2.3 Zum Wesen des Corporate Public Affairs Managements 24
      2.3.1 Corporate Public Affairs und Corporate Communications 28
      2.3.2 Corporate Public Affairs als Public Relations? 30
      2.3.3 Corporate Public Affairs als Corporate Lobbying? 33
      2.3.4 Corporate Public Affairs als Politikberatung? 36
      2.3.5 Corporate Public Affairs als Government Affairs? 37
   2.4 Besonderheiten des Internationalen Corporate Public
      Affairs Managements 38

3 Stand der Forschung 43
   3.1 Stand der internationalen und deutschsprachigen Forschung 43
   3.2 Ausgewählte Arbeiten und Ergebnisse 47
   3.3 Kritische Würdigung und Implikationen für das
      eigene Vorhaben 50

4 Public Affairs als Themen- & Stakeholdermanagement 53
   4.1 Corporate Public Affairs als mehrdimensionales
      analytisches Konstrukt 53
   4.2 Die Inhaltsdimension: Corporate Public Affairs als
      Themenmanagement 54
      4.2.1 Corporate Public Affairs als Issues Management 54
      4.2.2 Corporate Public Affairs als Public Policy Analysis 60
   4.3 Die Akteursdimension: Corporate Public Affairs als
      Stakeholdermanagement 66

4.4 Corporate Public Affairs als themenzentriertes
Stakeholdermanagement 75

5 Public Affairs als Politisches Kommunikationsnetzwerk 77

5.1 Corporate Public Affairs, Netzwerke und Netzwerkanalyse 77
5.2 Strukturalismus und Akteurszentrierter Institutionalismus 80
5.3 Corporate Public Affairs als eigenständiger Netzwerktypus? 84
5.4 Das Internationale Corporate Public Affairs Netzwerk 86
    5.4.1 Public Affairs als unechtes, bimodales
    Multi-Ego-Netzwerk 87
    5.4.2 Public Affairs als politisches
    Organisationskommunikationsnetzwerk 90
    5.4.3 Public Affairs als informationelles Transaktionsnetzwerk 93
    5.4.4 Komponenten und Charakteristika des Corporate
    Public Affairs Netzwerkmodells 99

6 Neue Perspektiven für die Public Affairs Forschung 103

7 Literaturverzeichnis 107

Anhänge 131

Tabellen- und Abbildungsverzeichnis 131
Abkürzungsverzeichnis 133

1 Public Affairs als Relationales Phänomen

1.1 Problemstellung und Untersuchungsanliegen

Unternehmen haben sich vom Markt emanzipiert (Scherer et al., 2014). Dieser Prozess, der nicht nur eine soziale, sondern auch politische Dimension beinhaltet, stellt die Sozialwissenschaften vor neue Herausforderungen. Konstrukte wie Corporate Public Affairs (CPA) stehen im Mittelpunkt eines Diskurses der versucht, die neue Rolle und das gewandelte Selbstbild von Wirtschaftsbetrieben als soziopolitischen Akteuren theoretisch-konzeptionell zu fundieren. Der Kern der Debatte und damit Nucleus der gesamten CPA-Forschung, nämlich Fragen nach Organisation, Art, Ursachen und Auswirkungen der politischen Teilhabe von Unternehmen dreht sich um eine normative Achse: die Diskussion um Rechtmäßigkeit und legitimen Umfang politischer Einflussnahme singulärer ökonomischer Interessen. Zu wenig bekannt ist über die tatsächlichen Aktivitäten global agierender Unternehmen, zu undurchsichtig bleibt das Dickicht des Corporate Lobbying. Kaum verwunderlich also, dass in der Literatur das Bild des omnipotenten Wirtschaftsakteurs nach wie vor klar dominiert. Politische Aktivitäten Multinationaler Unternehmen stehen hier stellvertretend für die grenzüberschreitende Verflechtung politischer und ökonomischer Macht. Sie symbolisieren die sukzessive Unterminierung von Staatlichkeit und exemplifizieren einen Globaltrend zum Partikularismus im System der organisierten Interessenvertretung (König, 1999; Crouch, 2011). All das mündet in einer Vorstellung von Public Affairs als kommunikativem Instrument des politischen ‚Empowerment' privatwirtschaftlicher Akteure (Fuchs & Lederer, 2007). Machtzuwachs aber setzt Einfluss voraus. Einfluss wiederum ist an Zugang gebunden. Alle diese Konstrukte beschreiben Merkmale, die ihrem Wesen nach nicht Eigenschaften einzelner Akteure, sondern Elemente sozialer Beziehungen und somit überindividuelle, relationale Merkmale sind.

Eben weil Corporate Public Affairs als Unternehmensfunktion mit politischer Interessenvertretung betraut ist, lässt sich mit Recht behaupten dabei handle es sich im Kern um ein relationales Phänomen. Die bisherige Auseinandersetzung mit dem Gegenstand wurde diesem Wesensmerkmal jedoch nicht gerecht. Zwar wird die Zentralität des ‚Netzwerkens', der politischen Kontaktpflege und des Beziehungsmanagements stets betont, die empirische Perspektive auf den Gegenstand spiegelt das allerdings kaum wieder. Public Affairs wird zumeist als Organisationsmerkmal, nie jedoch in seiner relationalen Form betrachtet. Eben genau an jenem perspektivischen Defizit knüpft diese Arbeit an, weil sie versucht demokratietheoretisch relevante Prozesse relational zu beschreiben und mithilfe des Strukturmodells ‚Netzwerk' analytisch greifbar zu machen. Sie nimmt ein bestehendes Theoriendefizit zum Anlass ein Modell zu konstruieren, das es möglich macht zu analysieren, wie die durch Corporate Public Affairs an der Schnittstelle zwischen Unternehmen und dessen multiplen internen und externen Umwelten gestalteten Einflussbeziehungen tatsächlich ablaufen, an welchen Themen konkret gearbeitet wird, welche Akteure involviert sind und wie sich die Beziehungen zwischen selbigen gestalten. Nur so lassen sich politische Interaktionen rekonstruieren und Vermutungen darüber anstellen, ob es sich bei PA tatsächlich um das viel beschworene, proaktiv eingesetzte Instrument der Transformation ökonomischer Potenz in politischen Einfluss oder eher eine reaktiv ausgerichtete Form politischer Partizipation handelt. Die Perspektive auf den Gegenstand ist dabei dezidiert akteurszentriert und strukturalistisch, weil politische Unternehmenskommunikation als Bedingung und Konsequenz der sozialen Einbettung korporativer Akteure verstanden wird. Durch die Integration komplementärer Theoriengebäude aus den Kommunikations-, Wirtschafts- und Politikwissenschaften wird überdies ein problemorientierter Brückenschlag gewagt. Gezielt werden disziplinäre Grenzen überschritten und mit dem übergeordneten Ziel der Beschreibung von CPA-Abteilungen als Agenten der politischen Unternehmenskommunikation und CPA als kommunikativen Einflussbeziehungen an der Schnittstelle von Wirtschaft, Politik und Gesellschaft konzeptionelle Querverbindungen befruchtet. Allerdings kommt die Arbeit nicht umhin, sich in terminologischer Hinsicht primär in den Kommunikationswissenschaften zu verorten, weil eben nicht ökonomische Aspekte oder politische Strategien im Fokus stehen, sondern Arbeitsinhalte, Anspruchsgruppen und kommunikative Austauschbeziehungen zwischen Public-Affairs-Abteilungen und deren inner- und überbetrieblichen Umwelten.

1.2 Erkenntnisinteresse, Konzeption und Aufbau der Arbeit

Wenn also Corporate Public Affairs im Kern ein relationales Phänomen ist, stellt sich die berechtigte Frage wie und womit es sich adäquat erfassen und theoretisch beschreiben lässt. An eben diese Problemstellung knüpft diese Arbeit an. Als bisher Einzige nimmt sie die Monoperspektivität, disziplinäre Engstirnigkeit und den prinzipiellen Mangel an theoretischer Fundierung im Forschungsfeld zum Anlass schrittweise ein Modell zu konstruieren, das es möglich macht die politischen Einflussbeziehungen multinationaler Unternehmen in multiplen Marktkontexten zu rekonstruieren und zu analysieren. Auf Basis des theorieneutralen Strukturmodells des Netzwerkes wird ein analytischer Rahmen für die Annäherung an den komplexen Untersuchungsgegenstand der internationalen politischen Unternehmenskommunikation geschaffen, der sich in akademischer wie auch in praktischer Hinsicht verwerten und in seiner Grundform darüber hinaus auch auf andere anspruchsgruppenorientierte Formen der Organisationskommunikation übertragen lässt. Die relationale Perspektive wird dabei mithilfe der informationellen politischen Tauschtheorie und der kommunikativen Theorie des Lobbying von J. R. Wright (2003) und A. J. Nownes (2006) theoretisch fundiert. Für die individuelle Perspektive wiederum werden Begriffe, Konzepte und Attribute aus den Forschungsfeldern des Issuesmanagements, des Stakeholdermanagements und der Public Policy Analysis fruchtbar gemacht. Beide Perspektiven werden jedoch nicht isoliert betrachtet, sondern mithilfe bimodaler Egonetzwerke in einem Modell zusammengetragen.

Das Globalziel der Arbeit ist demnach die Erarbeitung und theoretische Fundierung einer relationalen Perspektive auf das Kommunikationsphänomen des International Corporate Public Affairs Managements (ICPAM). Der konkrete Output hingegen ein operationalisierbares theoretisches Modell eines Corporate Public Affairs Netzwerkes. Aufbau und Struktur der Abhandlung folgen dabei der Logik einer schrittweisen Modellkonstruktion. Zunächst werden in Kapitel 2 Begriff und Konzeption des Public Affairs Managements in Multinationalen Unternehmen beschrieben, Corporate Public Affairs als Schnittstellenfunktion vorgestellt und die Besonderheiten der Internationalen Corporate Public Affairs Managements diskutiert. Ziel ist es, einen ersten Zugang zum Untersuchungsgegenstand zu vermitteln, zentrale Begriffe zu klären, sie sinnvoll voneinander abzugrenzen und theoretisch einzubetten.

In Kapitel 3 wird anschließend der internationale Forschungsstand aufbereitet und in Bezug auf das konzeptionelle Erkenntnisinteresse der Arbeit problematisiert. Kapitel 4 wiederum widmet sich der Dimensionierung des Konstrukts International Corporate Public Affairs sowie der interdisziplinären theoretischen Fundierung der Inhalts- und Akteursdimension des Modells mithilfe von Theorienkomplexen aus der Literatur des Issuesmanagements, des Stakeholdermanagements und der Politikfeldanalyse. Ziel dieses Kapitels ist es, alle bisherigen und für das Public Affairs Netzwerk verwertbaren Erkenntnisse einer individuellen Perspektive auf den Gegenstand aufzubereiten und mithilfe eines linearen, themenzentrierten Stakeholderinteraktionsmodells analytisch zusammenzuführen, um so einen konzeptionellen Ausgangspunkt für die Erarbeitung einer relationalen Perspektive zu schaffen. In Kapitel 5 wird dann das Netzwerkmodell selbst vorgestellt. Dabei wird zunächst ein eher allgemeiner Zugang zu Netzwerken formuliert und zentrale Annahmen und Begriffe der sozialwissenschaftlichen Netzwerkanalyse beschrieben. Anschließend wird mit dem Akteurszentrierten Institutionalismus (AzI) ein passender erkenntnistheoretischer Rahmen für das Analysemodell vorgestellt. Daraufhin folgt die detaillierte Beschreibung der Eigenschaften und Elemente des Netzwerkmodells sowie die ausführliche theoretische Fundierung der Relationen mithilfe der politischen Tauschtheorie und der kommunikativen Theorie des Lobbying der beiden amerikanischen Politikwissenschaftler John R. Wright (2003) und Anthony J. Nownes (2006). Am Ende des Kapitels findet sich dann noch einmal eine kompakte Übersicht. Kapitel 6 wiederum beschreibt abschließend die zentralen Funktionen, mögliche wissenschaftliche und praktische Anwendungsgebiete, konzeptionelle und argumentative Schwachstellen sowie Ansatzpunkte zur Weiterentwicklung und Vorschläge für die methodische Umsetzung.

2 Public Affairs in Multinationalen Unternehmen

2.1 Multinationale Unternehmen als politische Akteure

Multinationale Unternehmen (MNUs) (syn. Multinational Corporations (MNCs)) sind auf direktinvestiver Basis grenzüberschreitend tätige Firmen mit Hauptsitz im Inland und mindestens zwei Tochtergesellschaften im Ausland (Dunning & Lundan, 2008). Zu den besonderen Merkmalen dieses Unternehmenstypus zählen (1) die hohe Flexibilität und starke Einbindung nationaler Gesellschaften in das operative Tagesgeschäft, (2) die Geschäftstätigkeit in mehreren Ländern, wobei Leistungserstellung und -verwertung im In- und Ausland zugleich geschehen, ein (3) Auslandsgeschäft das wesentliche Teile der Geschäftstätigkeit umfasst, (4) die Rolle der Muttergesellschaft als oberstes Entscheidungszentrum sowie (5) grenzüberschreitender Handel und Kommunikation mit dem Ziel (6) des effizienten Managements multipler interner und externer Umwelten und dem damit verbundenen interterritorialen und kulturübergreifenden Austausch strategisch relevanter Handlungsressourcen wie Kapital und Information (Buckley & Casson, 1998; Bartlett & Ghoshal, 1998; Polk, 2002; Boddewyn, 2007; Cullen & Parboteeah, 2014). MNUs können dabei prinzipiell sowohl als singuläre Organisationseinheit als auch „collection of interlinked subsidiaries that operate in a diversity of national environments" (Drogendjik, 2003, S. 44) betrachtet werden.

Abbildung 1: Multinationale Unternehmen als komplexe Akteure.

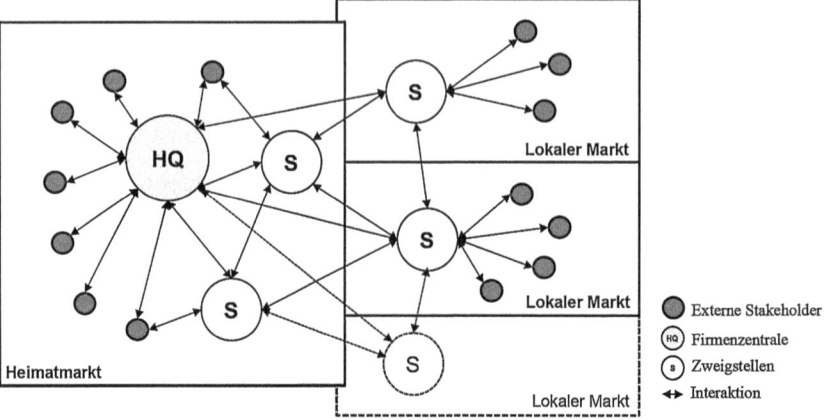

In dieser Arbeit werden MNUs als komplexe korporative Akteure begriffen, die aus einer Reihe räumlich verstreuter Organisationseinheiten bestehen, die im Wesentlichen zwei Handlungseinheiten umfassen: Firmenzentralen (Corporate Headquarters: HQs) und Zweigstellen (Subsidiaries: S), wobei Zweigstellen stets den Steuerungsversuchen der Zentralen unterliegen, als semiautonome Akteure jedoch über eigene Entscheidungsspielräume und Ressourcen verfügen, teils divergierende Interessen haben und je spezifische Aufgaben in der Gesamt-organisation des Unternehmens erfüllen (Kinnunen, 2009). Für das Verständnis der Public Affairs ist dies insofern relevant, als dass Public-Affairs-Abteilungen eben nicht nur in Firmenzentralen verortet, sondern in die weltweite Aufbauorganisation integriert, d.h. in nationale Zweigstellen (z.B. in Form von Repräsentanzen) eingegliedert und dort personell repräsentiert sind. Sie sind demnach an mehreren Standorten in verschiedenartige interne und externe Umwelten eingebettet, in denen sie als Informationsprozessor und -distributor (Bouquet & Birkinshaw, 2008) nach innen und außen eine Vermittlerfunktion wahrnehmen.

Versteht man Politik als Prozess kollektiven Handelns in dem eine Vielzahl staatlicher und nichtstaatlicher Akteure auf mehreren Ebenen zusammenspielen und begreift man im Sinne des interaktionistischen Akteursbegriffs Kommunikation als Handlung, ergibt sich eine sozialwissenschaftliche Perspektive auf MNUs, die diese als komplexe Handlungseinheiten mit eigener Aktionslogik und fester Organisationsstruktur begreift (Scharpf & Treib,

2000). Politische Akteure sind sie dabei insofern, als dass sie über eigene Interessen, Ziele, normative Orientierungen und Ressourcen verfügen, die ihnen strategische Handlungsspielräume eröffnen und die Partizipation an politischen Prozessen ermöglichen (Schubert, 2010a; Vowe, 2013). Zwar können Unternehmen nicht wie natürliche Personen an Wahlen teilnehmen, dennoch steht ihnen zur Teilhabe eine breite Palette an Instrumenten zur Verfügung. Sie reicht von konventionellen (z.b. Verbandsmitgliedschaft) und unkonventionellen (z.b. PR-Kampagnen), über direkte (z.b. Gespräche von Firmenlobbyisten mit Abgeordneten) und indirekte (z.b. Firmenempfänge) hin zu institutionalisierten (z.b. Hearings) und nichtinstitutionalisierten Kanälen (z.b. Roundtables). Corporate Public Affairs-Abteilungen wird dabei als institutionalisierten Funktionen die Aufgabe zuteil als Inhouse-Agenten der politischen Unternehmenskommunikation die Interessen ihres Prinzipals, d.h. des Unternehmens in Person des obersten Managements nach außen hin zu vertreten. Sie sind es, die dem MNU auf verschiedenen Ebenen und in verschiedenen Räumen Zugang (access) verschaffen und Einfluss (voice) ausüben (Hirschman, 1970; Michalowitz, 2004).

2.2 Public Affairs als Schnittstellenfunktion

Die Vorstellung von CPA-Abteilungen als vermittelnden Instanzen entspricht funktional dem Begriff der Intermediarität, wobei sie sich in dreierlei Hinsicht von klassischen intermediären Organisationen unterscheiden: Erstens sind sie keine eigenständigen Organisationseinheiten in der intermediären Sphäre, sondern organisatorisch und fiskalisch an ihr Unternehmen gebunden und damit dem Subsystem Wirtschaft angehörig. Sie unterliegen zweitens auch keiner Mitglieder-, sondern ausschließlich ihrer eigenen Organisationslogik, obgleich sie als „Partisanen des Unternehmens" (Priddath & Speth, 2007, S. 40) natürlich inmitten der Handlungs- und Funktionslogiken des politisch-administrativen, wirtschaftlichen und intermediären Systems agieren. Und drittens organisieren sie vor allem über Verbandsmitgliedschaften nicht nur den direkten, sondern auch indirekten Austausch mit ihrem primären Bezugspunkt, dem politisch-administrativen System (Schubert, 2010b). PA hat als institutionalisierte Schnittstellen-funktion ergo nicht nur eine stark inter-, sondern eben auch intramediäre Wirkungsrichtung.

Abbildung 2: Corporate Public Affairs als Schnittstellenfunktion.

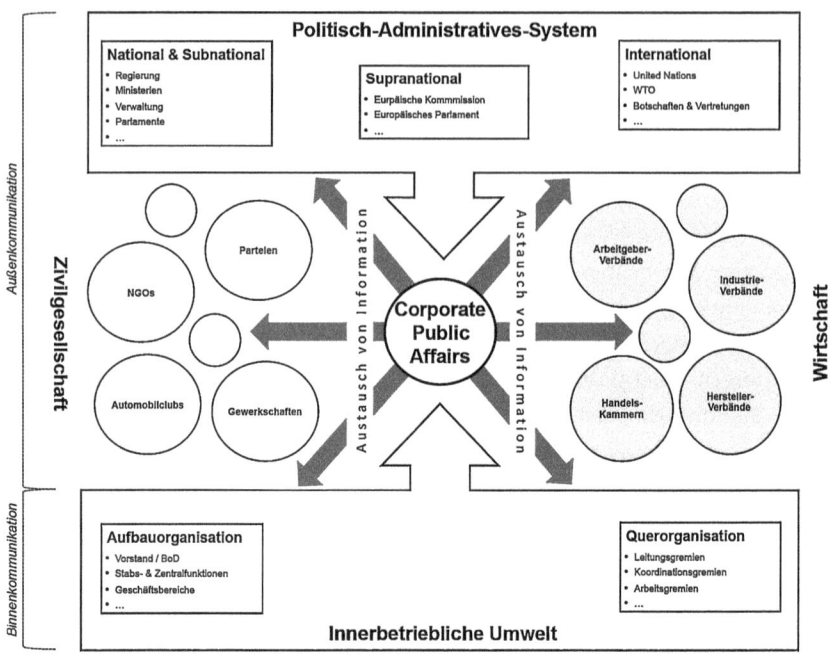

Die Konzeption von CPA als „Umweltnahtstelle zwischen Unternehmung und sozio-politischer Umwelt" (Schauerte, 2008, S. 52) ist interdisziplinärer Konsens und basiert auf vom Stakeholderansatz geforderten und den mithilfe des strukturalistischen Paradigmas in dieser Arbeit beschriebenen informationellen Transaktionsbeziehungen zwischen Abteilung und Stakeholdern in der Innen- (Binnenkommunikationsdimension) und Außenwelt (Außenkommunikationsdimension) des Unternehmens. Der Begriff Umwelt (syn. Umfeld) und das Konzept des Nicht-Marktes (Boddewyn, 2012) sind hier Schlüsselkonzepte insofern, als dass CPA-Abteilungen aus einer systemischen Perspektive das Stakeholder- und Themenmanagement in der soziopolitischen Umwelt des MNU verantworten und damit den politischen Ausschnitt des betrieblichen Umfeldes fokussieren. Organisationstheoretisch besteht die Primäraufgabe der Corporate Public Affairs dabei in der Reduktion von Komplexität und Unsicherheit durch Beobachtung und Beeinflussung der multiplen internen und externen Umwelten des MNU mit dem Ziel, den durch das Zusammenspiel diverser Umweltfaktoren gestiegenen Informations-, Orientierungs- und Steuerungsbedarf der Unternehmensführung zu befriedigen (North, 1990; Sauter-Sachs, 1992; Post et al., 2002). In der einschlägigen Fachliteratur haben sich inzwischen drei auf dieser soziopolitischen Umweltinteraktionsannahme basierende Konzepte für das Public Affairs Management herauskristallisiert:

a) *Boundary Spanning:* Ursprünglich aus der PR-Forschung stammend, beschreibt boundary spanning das Handeln von „individuals within the organization, who frequently interact with the organizations environment and who gather, select, and relay information from the environment to decision makers in the dominant coalition" (Dozier & White, 1992, S. 93). Gemeint ist das Management von Informationsflüssen mit dem Ziel des „adjustment to constraints and contingencies not controlled by the organization" (Mahon, 1982, S. 22). Das Konzept kann aus relationaler Perspektive auf die informationelle Einbettung einer Public-Affairs-Abteilung in ihr Anspruchsgruppennetzwerk bezogen werden, über das Informationen in organisationale Inputs und Outputs in Informationen transformiert werden. Dabei darf angenommen werden, dass Größe und Diversität der Netzwerkstrukturen einen entscheidenden Einfluss auf die Quantität und Qualität der Informationsversorgung haben.

b) *Window-In & Window-Out:* Post und Kollegen argumentieren: „the essential role of public affairs units appears to be that of a window out of the corporation through which management can perceive, monitor and understand external change, and simultaneously, a window in through which society can influence corporate policy and practice" (Post et al., 1982, S. 13). Die Metaphorik des Fensters spielt auf die Direktionalität der durch das ‚boundary spanning' gestalteten Transaktionen an und kann als eine Sender- (Window-Out) bzw. Empfängerrolle (Window-In) einer CPA-Abteilung im Stakeholdernetzwerk interpretiert werden.

c) *Buffer & Bridge:* Beschrieben wird Buffering als defensive Form der Umweltinteraktion, bei der CPA-Abteilungen beispielsweise durch gezielte Informationsweitergabe im Rahmen ihrer politischen Aktivitäten den Versuch unternehmen proaktiv das eigene Umfeld zu gestalten. Meznar und Nigh erklären: „[buffering means] a firm either resits environmental change or tries to control it" (Meznar & Nigh, 1995, S. 976).

Bridging hingegen bezeichnet ein eher reaktives Verhaltensmuster, bei dem eben nicht versucht wird die Umwelt umzugestalten, sondern das Unternehmen selbst an Veränderungen anzupassen, oder um es mit den Worten der Autoren zu formulieren: „[bridging means] firms promote internal adaption to changing external circumstances" (Meznar & Nigh, 1995, S. 977). Beide Verhaltensweisen dürfen allerdings nicht als Gegensätze, sondern müssen als komplementäre Handlungsstrategien, als „two faces" (Boddewyn, 2007, S. 165) der Public Affairs Aktivitäten Multinationaler Unternehmen begriffen werden (Meznar, 2005).

Wohingegen hinsichtlich der Primärfunktion große Einigkeit besteht, herrscht weitreichender Dissens hinsichtlich der Merkmale, Ziele, Strategien, Methoden und Instrumente der Public Affairs. Den Ausgangspunkt dieser Unstimmigkeiten bilden diverse Probleme bei der Begriffsbestimmung, die sich unter anderem auf die Geschichts-, Sprachraum- und Kulturkreisgebundenheit dieses anglistischen Lehnwortes, dessen semantische Verwandtheit zu den Public Relations (PR), die uneinheitliche Begriffsverwendung in Wissenschaft und Praxis, die verschiedenartigen disziplinären Zugänge sowie dessen gezielte praktische Instrumentalisierung durch PA-Agenturen, die damit augenscheinlich viele alte Dienstleistungen in neue begriffliche Gewänder kleiden, zurückführen. Anstatt also den wenig erfolgversprechenden Versuch einer rein nominalistischen Begriffsbestimmung zu unternehmen, hält es diese Arbeit für sinnvoller im Anschluss an die Primärfunktionsbeschreibung schrittweise die Wesensmerkmale des Konstrukts erschließen. Dabei wird auf den nachfolgenden Seiten zunächst kurz auf die Begriffshistorie und Ursprünge der Unternehmensfunktion verwiesen und anschließend versucht, die wichtigsten Merkmale aus der Literatur herzuleiten. Daraufhin erfolgt eine Erläuterung und Problematisierung der Attribute ‚Management' und ‚Public' sowie eine ausführlichere Abgrenzung zu den Begriffen Corporate Communications, Public Relations, Lobbying, Politikberatung und Government Affairs/Relations. Abschließend werden die Besonderheiten des Internationalen Corporate Public Affairs Managements diskutiert.

2.3 Zum Wesen des Corporate Public Affairs Managements

Als Begriff tritt PA erstmals 1944 mit der Schaffung des Postens eines Assistant Secretary for PA im U.S. State Department nennenswert in Erscheinung

(Lee, 2008), wobei die Genese von CPA als Unternehmensfunktion von den meisten amerikanischen Autoren auf Mitte der 60er-Jahre zurückgeführt und mit den zu dieser Zeit stattfindenden soziopolitischen Umwälzungen begründet wird (Irion & Marcus, 1987; Marcus & Kaufman, 1988; DeSanto, 2001; Holcomb, 2005). PA wird dabei von einigen als Hybrid der Funktionen Community Affairs und Lobbying verstanden (Harris & Moss, 2001). Wieder andere behaupten Wurzeln ließen sich auf Corporate Philanthrophy, Urban Affairs und Public Relations zurückführen (Mahon, 2008). In Kontinentaleuropa taucht der Begriff erst in den frühen 1990er-Jahren zunächst auf britischer und europäischer Bühne und erst ein wenig später dann auch im deutschsprachigen Raum auf (Schönborn & Wiebusch, 2002; Althaus, 2004). In der Bundesrepublik konnte er sich jedoch erst um die Jahrtausendwende im Kontext der von Bonn-Berlin-Umzug und europäischer Integration angestoßenen Veränderungen im Politischen Berlin etablieren (Siedentopp, 2007; Greven, 2009; Olfe-Kräutlein, 2012), obgleich er in akademischen Kreisen schon früher einschlägig verwendet wurde (Bentele & Nothaft, 2013). Wann hingegen hierzulande die ersten Public-Affairs-Unternehmensfunktionen gegründet wurden ist und bleibt unklar.

Praktisch wie akademisch wird der Begriff nach wie vor höchst uneinheitlich verwendet. Bisherige Begriffsbestimmungsversuche münden in einer unüberschaubaren Vielzahl an Definitionen, die in der Regel sehr allgemein gehalten werden und weder universell gültig, noch analytisch trennscharf sind. Typisch für deutschsprachige Arbeiten sind dabei Versuche disziplinäre und länderspezifische Unterschiede herauszuarbeiten. Bisherige Abgrenzungen (Bihler, 2007; Schauerte, 2008; Greven, 2009; Olfe-Kräutlein, 2012) können inhaltlich allerdings kaum überzeugen. An dieser Stelle soll deshalb der Versuch unternommen werden, disziplinäre und geografische Grenzen zu überschreiten und übergreifende Konsenspunkte herauszuarbeiten, die zentrale Merkmale des Konstrukts betreffen und dessen Wesen bestmöglich beschreiben. Demnach ist Public Affairs eine mediationsorientierte Organisations-funktion, die in ihrer institutionalisierten und nicht-institutionalisierten Form betrachtet werden kann und deren zentrale Aufgabe oft mit der Metaphorik der Brücke oder Schnittstelle zur Organisationsumwelt umschrieben wird. Das Attribut ‚Corporate' bezieht diese Funktion auf Unternehmen, die als erwerbswirtschaftlich ausgerichtete Organisationen des

Wirtschaftssystems auf Basis ihrer ökonomischen Ziele politische Interessen artikulieren. CPA verantwortet für sie das aktive Management soziopolitischer Themen und interner wie externer Stakeholderbeziehungen an der Schnittstelle zur nichtmarktlichen Umwelt und gestaltet einen operativ durchgeführten, strategisch geplanten, interessengeleiteten und dialogorientierten Kommunikationsprozess, der sich in der Innen- und Außenwelt des Betriebes abspielt. Die externen Zielakteure sind dabei primär politischer Natur, wobei die Interaktion mit selbigen sowohl in einer öffentlichen, als auch nicht-öffentlichen Sphäre stattfindet, der Fokus offensichtlich jedoch auf nichtöffentlichen und informationellen Austauschbeziehungen liegt.[1] Als strategisch gezielt eingesetztes Kommunikationsinstrument koordiniert und integriert CPA diverse Strategien, Methoden, Techniken und Instrumente klassischer Kommunikationsdisziplinen (Siehe Abbildung 3) und steuert damit für das Unternehmen kommunikative Einflussprozesse an der Schnittstelle zum politisch-administrativen und intermediären System. Ziel ist die Vertretung und Vermittlung der Unternehmensinteressen im politischen Kontext durch Beobachtung und Beeinflussung von Entscheidungsprozessen sowie Antizipation und Interpretation politischer Entwicklungen in der soziopolitischen Umwelt eines Unternehmens. Im Kern geht es um die Realisierung von Wettbewerbsvorteilen und die Verhinderung beziehungsweise Abschwächung von Wettbewerbsnachteilen. CPA kann ergo als pol. Unternehmenskommunikation an der Schnittstelle der innerbetrieblichen zur überbetrieblichen Umwelt von Unternehmen definiert werden und ist im Kern nichts anderes, als das kalkulierte themenzentrierte Management von

---

1 Herleitung der Merkmale aus folgenden Definitionen: Armstrong, 1981, S. 26; Post et al., 1982, S. 13; Gollner, 1984, S. 104; Andrews, 1987, S. 1; Bergner, 1989, S. 884; Lesly 1991, S. 63f.; White, 1991, S. 104; Cutlip et al., 1994, S. 15; Meznar & Nigh, 1995, S. 975; Lenn, 1995, S. 435; Carroll, 1996, S. 104; Fleisher & Blair, 1999, S. 279; Köppl, 2000, S. 11; DeSanto, 2001, S. 40 f.; Windsor, 2001, S. 383; Schönborn & Wiebusch, 2002, S. 30 f.; Berg, 2003, S. 10; Milinewitsch, 2005, S. 31; Althaus et al., 2005, S. 7; Stolzenberg, 2005, S. 9; Radunski, 2006, S. 315; Priddath & Speth, 2007, S. 9; Siedentopp, 2007, S. 264; Hoffmann et al., 2007, S. 428; Bihler, 2007, S. 24 ff.; Walker, 2007, S. 151; Boddewyn, 2007, S. 138; Lerbinger, 2007, S. 7; Heath, 2008, S. 3944; Mahon, 2008, S. 496; Greven, 2009, S. 63; Schauerte, 2008, S. 14; McGrath et al., 2010, S. 336 f.; Olfe-Kräutlein, 2012, S. 222; Bentele & Nothaft, 2013, S. 280; DPRG, 2014; PAC, 2014.

Stakeholderbeziehungen in den multiplen externen und internen Umwelten eines MNU.[2]

Abbildung 3: Methoden und Instrumente des Corporate Public Affairs Management[3].

Methoden und Instrumente des Corporate Public Affairs Management	
• Government Relations/Affairs	• Management Consulting
• Regulatory Affairs	• Environmental Monitoring & Scanning
• Union Relations/Affairs	• Environmental Intelligence Gathering & Development
• Lobbying	
• Issues Management	• Environmental/Political Auditing
• (Public) Policy Management/ Analysis	• Event Management
	• Coalition Building
• Stakeholder Management	• Corporate Social Responsibility/Corporate Citizenship
• Public Relations	
• Community Affairs/Relations	• Information & Knowledge Management
• Crisis Communication	• Political Marketing
• Corporate Philanthrophy	• Stockholder Relations
• Campaigning (Grassroots; Grasstops ...)	• Consumer Affairs
	• Corporate Giving/Political Sponsoring
• Campaign Finance (PAC-Management)	• Public Private Partnership (PPP) Management
• Corporate Volunteering	• Employee Communications
• Corporate/Issue Advertising	• Political Mediation
• Investor Relations	• Agenda Setting/Agenda Building
• Risk Management	• Reputation Management

---

2 Herleitung der Ziele aus: Baysinger & Woodman, 1982, S. 28; Post et al., 1982, S. 13; Irion & Marcus, 1987, S 247; Marcus & Kaufman, 1988, 58 ff.; Harris & Moss, 2001, S. 103; Wallrabenstein, 2003, S. 428; Fleisher, 2005, S. 6; Radunski, 2006, S. 315; Walker, 2007, S. 154 f.; Thomson & John, 2007, S. 7; Lerbinger, 2007, S. 1 ff.; Bihler, 2007, S. 25, 34 & 40; Heath, 2008, S. 3945; Schauerte, 2008, S. 52 ff.; Greven, 2009, S. 8 f.; McGrath et al., 2010, S. 346 f.; Mono et al., 2011, S. 63; Boddewyn, 2012, S. 101 ff.; Moss et al., 2012, S. 47 f.

3 Exemplarische Übersicht; Zusammenfassung der Aufzählungen in folgenden Quellen: Irion & Marcus, 1987, S. 247; Marcus & Kaufman, 1988, S. 59; Harris & Moss, 2001, S. 108; Köppl, 2000 & Köppl, 2003; Schönborn & Wiebusch, 2002; 71 ff.; Fleisher, 2005, S. 6; Showalter & Fleisher, 2005, S. 109–122; Stolzenberg, 2005, S. 16–20; Radunski, 2006, S. 315; Priddath & Speth, 2007, S. 9; Lerbinger, 2007, S. 13; Schauerte, 2008, S. 92 ff.; Mahon, 2008, S. 495 ff.; Thomson & John, 2007, S. 19–148; Rieksmeier, 2007, S. 22–26; Greven, 2009; UK PAC, 2014; PAC, 2014.

Das Attribut ‚Management' beschreibt als handlungstheoretischer Schlüsselbegriff die strategisch geplante und bewusst durchgeführte, zielorientierte Organisation, Koordination und Kontrolle dieser Einflussprozesse und unterstellt zugleich fälschlicherweise die Möglichkeit eines ‚Managements von Politik'. Dies ist aber zumindest theoretisch angesichts der Steuerungsautonomie des politisch-administrativen Systems unmöglich, da Unternehmen letztlich keine Hoheitsbefugnisse gegenüber staatlichen Institutionen und deren Vertretern ausüben können, sondern lediglich Versuche der Steuerung und Einflussnahme unternehmen. Ähnliche Ambivalenz weist auch das Attribut ‚Public' auf. Zwar ist sich die Literatur einig, dass es sich ganz im Sinne der *res publica* nicht um öffentliche, sondern eben gemeinwesensbezogene Angelegenheiten handelt. Unklar bleibt aber, in welchem Verhältnis diesbezügliche öffentliche und nichtöffentliche Kommunikationsprozesse zueinander stehen.

Zwar hat sich Corporate Public Affairs Management (CPAM) als terminus technicus inzwischen etabliert, nichts desto trotz finden sich nach wie vor einige Begriffe, die teils synonym verwandt werden oder ähnliche Sachverhalte beschreiben. In der einschlägigen Literatur ist hier unter anderem von External,- Industry,- und Political Affairs (Berg, 2003), von Corporate Political Activity (Blumentritt, 2003; McGrath et al., 2010; Boddewyn, 2012), und -Advocacy (Williams, 2008), Regulatory Affairs (Siedentopp, 2007), Corporate Political Behavior (Malone, 2008) und politischem Interessensmanagement (Priddath & Speth, 2007) die Rede. Um die Begriffsabgrenzung aber nicht ausarten zu lassen, konzentrieren sich die nächsten Unterkapitel auf die den Kern des Abgrenzungsdiskurses bildenden Termini.

2.3.1 Corporate Public Affairs und Corporate Communications

Corporate Communications (CC) bezeichnet die „Gesamtheit aller in einem Unternehmen stattfindenden sowie von einem Unternehmen ausgehenden Informations- und Kommunikationsprozesse" (Bentele & Nothaft, 2013, S. 348). Dabei galt das Hauptaugenmerk lange Zeit ausschließlich den PR und dem Marketing, die aufgrund ihrer verschiedenen Bezugsgruppen und Zielsetzungen funktional ausdifferenziert und in der Regel stets analytisch getrennt betrachtet wurden. Erst Mitte der 1970er- und Anfang der 80er-Jahre finden sich mit dem Planungskonzept des Kommunikationsmixes und der Corporate Identity (CI) theoretisch fundierte Ansätze einer ganzheitlichen Betrachtungsweise von Unternehmenskommunikation. CC tritt hier erstmals als einer der drei Bausteine des *Identitätsmixes* (Corporate Behavior, Corporate Design und CC) in Erscheinung und ist seit jeher mit der Forderung nach einem strategisch geplanten und operativ koordinierten Einsatz aller betrieblichen Kommunikationsinstrumente verbunden. Als Dachfunktion umfasst CC alle Formen interner und externer Kommunikation und wirft nicht nur einen holistischen, sondern vor allem strategischen Blick auf die vielgestaltigen Teilbereiche der Unternehmenskommunikation. Als Managementprozess wiederum steuert und integriert CC in planerischer, organisatorischer, personeller, kultureller und informationeller Hinsicht bereits bestehende Kommunikationsfunktionen mit dem Ziel der möglichst effektiven und effizienten Verzahnung, um so ein einheitliches Erscheinungsbild des Unternehmens nach außen hin zu erzeugen (Würz, 2012, S. 26 ff.).

In der Literatur werden traditionell vier Teilbereiche der CC unterschieden, zu denen (1) Marketing, (2) Media Relations (MR) bzw. PR, (3) Investor Relations (IR) und (4) Interne Kommunikation (IK) zählen, wobei auf Kernkonzepte und Schlüsselbegriffe wie Stakeholder, Corporate Identity, Image, Reputation, Öffentlichkeit („Public") und Issues verwiesen wird (Cornelissen, 2005; Würz, 2012; Schipanski, 2012; Mast, 2013; Zerfaß & Piwinger, 2014). Public Affairs aber ist in den meisten dieser Aufzählungen nicht enthalten. Nur sehr wenige Autoren erwähnen es überhaupt explizit als eigenständigen Bestandteil der CC (Van Riel, 1995, S. 225). In dieser Arbeit wird hingegen die Auffassung vertreten, dass PA einen funktional und strategisch begründbaren Anspruch auf eine eigenständige Stellung im Portfolio der CC geltend machen kann. Dabei ist CC die übergeordnete Managementfunktion und PA diejenige Teildisziplin, die im Rahmen einer integrierten Unternehmenskommunikation die themenorientierte Gestaltung der Beziehungen zu politischen Stakeholdern verantwortet.

Abbildung 4: Corporate Public Affairs als Teil der Corporate Communications.

Corporate Communications					
Public Relations	Public Affairs	Marketing	Investor Relations	Interne Kommunikation

2.3.2 Corporate Public Affairs als Public Relations?

Neben der Verortung der Funktion ist für kommunikationswissenschaftliche Zugänge insbesondere die Abgrenzung zu Public Relations (PR) (syn. Öffentlichkeitsarbeit) relevant. Dabei teilen beide Begriffe nicht nur dasselbe Attribut, sondern auch den Umstand, dass sich bis dato auch für PR noch keine einheitliche, universell gültige Definition durchsetzen konnte (Faulstrich, 2001, S. 11 ff.; Kunczik, 2010, S. 14 ff.). Standarddefinitionen wie die von Grunig und Hunt (PR als „management of communication between an organization and its publics" (Grunig & Hunt, 1984, S. 6)) oder Cutlip und Kollegen („a management function that identifies, establishes and maintains mutually beneficial relationships between an organisation and the various publics on whom its sucess or failure depends" (Cutlip et al., 1985, S. 4)) sind derart allgemein gehalten, dass es kaum verwundert, das beide Begriffe oft synonym verwendet werden und sich zwischen ihnen ein „fast eifersüchtiger Wettbewerb" (Schönborn & Wiebusch, 2002, S. 23) abspielt. Eine funktionale Gleichsetzung der Termini findet sich in der einschlägigen Literatur allerdings nur mehr selten. Die Mehrheit der Arbeiten plädiert inzwischen ausdrücklich für eine Trennung, wobei verschiedenartige, teils mehr, teils weniger plausible und trennscharfe Unterscheidungskriterien angeführt (Siehe Abb. 5) und unterschiedliche begriffliche Konstellationen beschrieben werden. Ein Teil der Autoren begreift PR als ein Instrument der PA, wobei diese Ansicht ganz offensichtlich nicht auf den angloamerikanischen Raum beschränkt ist, sondern auch in deutschsprachigen Arbeiten vertreten wird (Milinewitsch, 2005; Bihler, 2007; Malone, 2008; Greven, 2009). Wieder andere sehen in PA einen spezialisierten Teilbereich der PR mit dem Argument, PA nutze bedarfsorientiert diverse Instrumente und Techniken der PR, sei aber im Kern die strategisch bedeutsamere und daher übergeordnete Kommunikationsfunktion (Dennis, 1995; Schönborn & Wiebusch, 2002; Lerbinger, 2007; Siedentopp, 2007; Olfe-Kräutlein, 2012; Bentele & Nothaft, 2013). Die letzte Gruppe ordnet beide Funktionen weder über noch unter, sondern unterstellt deren gleichwertige Koexistenz (Fleisher & Blair, 1999; Harris & Moss, 2001; Berg, 2003; Althaus, 2004; Bentele, 2007; Schauerte, 2008; McGrath et al., 2010).

Abbildung 5: Ausgewählte Unterscheidungsmerkmale der PA und PR.

Autor	Kriterium	Public Affairs	Public Relations
Harris & Moss (2001: 6–8)	Übergeordnete Funktion	Government Relations	Corporate Communications
	Gegenstandsbereich	Komplexe Sachthemen mit inhaltlichem Tiefgang	Weniger komplexe Themen; oberflächliche Bearbeitung
Berg (2003: 12–13)	Charakter der Tätigkeiten	Führungsfunktion; Operative und strategische Tätigkeiten	Stärker operative Tätigkeit mit engem Bezug zum Marketing
Köppl (2003: 19)	Zielsetzung	Analyse des pol. und sozialen Umfeldes des Unternehmens	Öffentlichkeitswirksame Darstellung des Unternehmens
Althaus (2004: 4ff.)	Kernkomponenten	Politische Analyse, inhaltliche Beratungsleistung, juristische Betreuung, Gremienarbeit, Beziehung zu Verwaltungen	-
	Akademische Disziplinen	Politik- und Verwaltungswissenschaften; Wirtschafts-recht; Business Schools	Kommunikationswissenschaft; Medienakademien; Publizistik und PR-Studiengänge
	Inhaltlicher ‚Gehalt'	Substanziell und tendenziell stark inhaltsbezogene Arbeit	Vermutete bzw. ‚reale Oberflächlichkeit'
Bentele (2007: 15)	Kommunikationsdimension	Eindimensional	Mehrdimensional
	Zielsetzung	Eher diskret, kaum öffentlich	Prinzipiell öffentlich
	Kommunikationsform	Eher Interpersonal	Eher Massenmedial
Fleisher & Blair (1999: 276ff.)	Interaktionspartner	Organisation and political forces/public policy arena	Organisation and it's different publics/public spheres
	Funktionen (Exempel)	State Goverment Relations Local Government Relations Regulatory Affairs Commmunity Relations Grassroots Campaigning Political Education ...	Issues Management Media Relations Speech Writing Corporate Advertising Employee Communications Financial Communications ...
	Beruflicher Hintergrund der PA/PR-Professionals	Business & Commerce Public Administration Government & Policy Studies Political Science	Arts and Humanities Journalism Mass Communication Studies Media & PR-Studies

Autor	Kriterium	Public Affairs	Public Relations
Olfe-Kräutlein (2012: 219f.)	Öffentlichkeitsgrad	Tendenziell nicht öffentlich	Prinzipiell öffentlich
	Angewandte Methoden	Wenig standardisiert	Stärker standardisiert
	Zielsetzung	Aktive Involvierung in pol. Entscheidungsprozesse	Darstellung von Erfolgen und Informationsdistribution
	Adressatenkreis	Politisch-administrativ	Medial/Fachöffentlichkeit
	Verortung im Unternehmen	Stets auf Leitungsebene	Kaum auf Leitungsebene
Sonstige (Eigene)	Schlüsselkategorien/begriffe	Interesse, Einfluss, Zugang, Entscheidung, Partizipation	Vertrauen, Image, Identität, Reputation, Öffentlichkeit
	Kommunikationsrichtung	Nach Innen & Außen gerichtet	Primär nach Außen gerichtet
	Zweck	Bidirektionale Politikberatung & Mitgestaltung der rechtlichen Rahmenbedingungen	Außen- & Selbstdarstellung & Mitgestaltung des öffentlichen Meinungsbildes
	Zielformulierung	Eher harte und konkrete Ziele: bspw. Realisierung von Steuervorteilen, Abbau von Handelsbarrieren etc.	Eher weiche und diffuse Ziele: bspw. Vertrauen, Verständnis, Sympathie, Akzeptanz und Bekanntheit erzeugen
	Bezugspunkt	Pol. Entscheidungsprozess => nichtöffentliche politische Interessendurchsetzung	Öffentlicher Diskurs => öffentliche Image- und Reputationspflege
	Inhaltlicher Schwerpunkt	Politiken/(Public) Policies	Öffentliche Themen/Issues

Welche Konstellation nun die richtige ist, bleibt eine offene und anhand der Literatur nicht ausreichend beantwortbare Frage. Angesichts offensichtlicher Schnittmengen allerdings ex ante zu behaupten die Funktionen ließen sich gar nicht voneinander abgrenzen, würde bisherige Abgrenzungsbemühungen verleugnen. In dieser Arbeit wird deshalb auf der Grundlage der tabellarischen Gegenüberstellung in Abbildung 5 die Auffassung vertreten, dass es sich bei PR und PA um zwei funktional und institutionell getrennte Managementfunktionen handelt, die ganz offensichtlich beide eine strategisch-kommunikative Tätigkeit an der Schnittstelle zur externen Unternehmensumwelt gestalten, sich aber dennoch in vielerlei Hinsicht voneinander unterscheiden. So organisiert PA alle direkten und indirekten politischen Einflussbeziehungen und adressiert primär politisch-administrative Stakeholder über nichtöffentliche Kommunikationskanäle, wohingegen PR versucht systematisch mittels öffentlicher Kommunikation die Reputation des Unternehmens zu stärken und das Firmen-Image über ein weitaus breiteres Anspruchsgruppennetzwerk hinweg zu pflegen. PR geht es um öffentliche Wahrnehmung, um die produktorientierte Information von Zielgruppen, um die Erzeugung von Aufmerksamkeit, Glaubwürdigkeit, Vertrauen, Sympathie, Akzeptanz, Ansehen und Bekanntheit, oder wie Albert Oeckl prägnant zusammenfasst: um „Arbeit in der Öffentlichkeit, Arbeit für die Öffentlichkeit [und] Arbeit mit der Öffentlichkeit" (Oeckl, 1964, S. 31). PA hingegen ist seinem Wesen nach weitaus diskreter, arbeitet stärker sachorientiert und scheut die lautstarken Diskurse einer großen, medienvermittelten Öffentlichkeit. Hier geht es nicht um Selbst- und Erfolgsdarstellung, sondern um unmittelbare und mittelbare Artikulation und Aggregation politökonomischer Interessen. Weil aber diese Interessenvertretung nicht gänzlich ohne Einbezug der Öffentlichkeit geschehen kann, ist es nur konsequent, dass sich einige fundamentale Merkmale der PR auch in den Definitionen von PA widerspiegeln. Der deutsche Public-Affairs-Experte Marco Althaus stellt diesbezüglich fest:

> „Public Affairs ist sicher ein Kind zweier Eltern: Public Relations als Presse- und Öffentlichkeitsarbeit ist das eine Elternteil, die direkte Interessenrepräsentation bei der Politik und Beratung der Politik der andere. Das eine Elternteil ist vom Charakter her eher laut und extrovertiert, das andere eher leise und diskret. Pate und Tutor für das Kind ist die Praxis der Kampagne von Parteien und NGO, in der politisches Marketing und Mobilisierung zentral sind" (Althaus, 2004, S. 10).

2.3.3 Corporate Public Affairs als Corporate Lobbying?

Die Aussage von Althaus lässt zu Recht eine starke Nähe zum Lobbying erwarten. Die Fachliteratur scheint sich dabei ausnahmsweise dahingehend einig, dass Lobbying neben den PR eine zentrale Rolle als Instrument der PA einnimmt (Harris & Moss, 2001; Schönborn & Wiebusch, 2002; Berg, 2003; Milinewitsch, 2005; Priddath & Speth, 2007; Walker, 2007; Bentele & Nothaft, 2013). Lobbying kann dabei als „Chiffre für sämtliche Formen der direkten, informellen, überwiegend öffentlich nicht unmittelbar beobachtbaren Versuche von Vertretern gesellschaftlicher Interessen auf die Akteure des politischen Entscheidungsprozesses einzuwirken, um kurz-, mittel- oder langfristig Politikergebnisse in ihrem Sinne zu verändern" definiert werden

(Wehrmann, 2007, S. 40). Demnach handelt es sich bei Corporate Lobbying um eine partikularistisch motivierte Einwirkung auf formale und informelle Entscheidungsprozesse im politisch-administrativen System. Beschrieben wird jedoch keine singuläre Aktivität, sondern ein wechselseitig gerichteter Einflussprozess, bei dem auf verschiedenen Ebenen Sach- und Personenentscheidungen zugunsten des Unternehmens beeinflusst und im diffizilen Institutionengefüge der staatlichen Gewalten konkrete Vorschläge und Forderungen an Entscheidungsträger adressiert werden. Lobbying ist und bleibt ein Dachbegriff für diejenigen beziehungsgebundenen und dialogorientierten interpersonellen Vermittlungsleistungen an der Schnittstelle der Wirtschaft zur Politik, deren Grundlage wechselseitiger Respekt und Vertrauen und deren Ziel die punktuelle Mitgestaltung kollektiv verbindlicher Entscheidungen ist (Milbrath, 1963; Miller, 1991; Van Schendelen, 2002; McGrath, 2005; Wehrmann, 2007; Lowery, 2007; Hula, 2007; Berger, 2008; Zetter, 2008; Greven, 2009; Hrebenar & Bryson, 2009; Nohlen & Schultze, 2010a; Lösche, 2012).

In der Literatur findet sich eine breite Palette möglicher Spielarten, zu denen bspw. Inside- und Outside-Lobbying (Maloney et al., 1994; Kollman, 1998), Public Policy-, Land Use- und Procurement-Lobbying (Nownes, 2006), Beschaffungs- und Gesetzeslobbyismus (Wehrmann, 2007), Grasroots, Grasstops und Astroturfing (Speth, 2013), Cross-, Protest- und Media-Lobbying (Schauerte, 2008), Coalition Building und Chaining (Greven, 2009), Judicial-, Electoral- (Berger, 2008) oder Social-Lobbying (Logan, 1929) zählen. Ungeachtet der Spezifika dieser Ausprägungsformen geht es im Kern aber nur um eines: das Sammeln, Selektieren, Bewerten, Aufbereiten und Weiterleiten von Informationen. Firmenlobbyisten liefern dem politischen System nicht nur den dringend benötigten informationellen Input für die Ausarbeitung erfolgreicher Programme, sondern haben mit ihrem fundierten Expertenwissen und ihren Beratungsleistungen auch unmittelbar Einfluss auf den Karriereweg vieler Entscheidungsträger. Logan und Fellow erklären prägnant: „the lobby is the chief source of information to legislators" (Logan, 1929, S. 56). In diesem wechselseitigen informationellen Abhängigkeitsverhältnis hat sich eine „Kultur des Austausches von Wissen gegen Einfluss" (Leif & Speth, 2003, S. 8) und Unterstützung herausgebildet, in der über verschiedenste Kanäle (sogen. ‚Multi-Voice-Lobbying') Interessen formiert, aggregiert und artikuliert werden. Wirksames Corporate Lobbying besticht dabei durch eine ausgewogene Kombination direkter und indirekter Einflussbeziehungen auf mehreren Ebenen (Williams, 2008) unter entsprechender Berücksichtigung länderspezifischer ‚Lobbyingstile' (Woll, 2012). Auf der untersten Stufe steht dabei meist die direkte Interessenvertretung durch festangestellte hauseigene Firmen-, oder temporär angeheuerte Auftragslobbyisten (sogen. ‚hired guns'). Auf der nächsthöheren Ebene werden wiederum über die verbandliche Interessenrepräsentation Kräfte vereint und betriebsübergreifend gebündelt. Parallel dazu werden in der Regel Strategische Allianzen oder Koalitionen geformt, in denen sich Akteure mit ähnlichen Problemen und Anliegen zeitlich begrenzt zusammenschließen, um ihren Interessen mehr Schlagkraft zu verleihen. Ergänzt wird dieses filigrane Zusammenspiel organisierter ökonomischer Interessen um einige Dachorganisationen, die das übergeordnete Gesamtinteresse der Wirtschaft vertreten. Aufgabe des Corporate Lobbying und damit der Corporate Public Affairs ist es für das MNU all diese Kanäle in einer möglichst effektiven Gesamtstrategie zu vereinen.

Abbildung 6: Mehrkanalmodell des Corporate Lobbying.

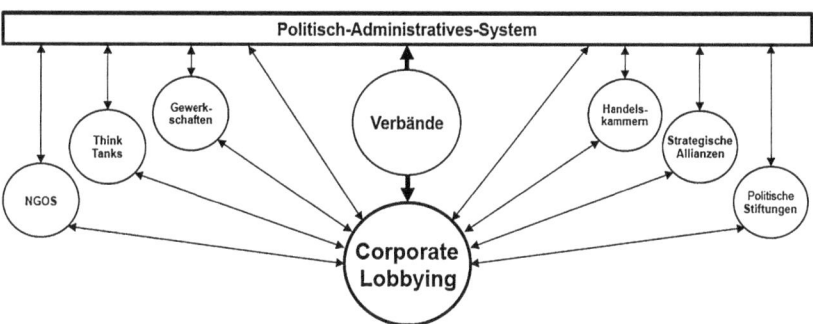

CPA als Lobbying Plus (Olfe-Kräutlein, 2012, S. 217 f.) oder als neuen Namen für klassisches Lobbying (Priddath & Speth, 2007, S. 31) zu definieren würde aber zu kurz greifen. CPA ist viel eher eine übergeordnete Unternehmensfunktion die nicht nur traditionelle Lobbying-Techniken um stärker öffentlichkeitsorientierte Methoden und Techniken ergänzt. Sie organisiert vielmehr über verschiedenste Kanäle und in verschiedenen Arenen langfristig den Dialog mit politischen Stakeholdern und wirft damit erstmals eine ganzheitliche Perspektive auf politische Kommunikation von und durch Unternehmen, die über die Vor-, Warte- oder Wandelhalle des Parlaments weit hinausreicht. CPA ist diejenige Unternehmensfunktion, die das gesamte politische Einflussmanagement und damit auch andere, extern orientierte und auf das politisch-administrative System gerichtete Funktionen im Sinne einer integrierten politischen Unternehmenskommunikation unter einem Dach zusammenführt.

2.3.4 Corporate Public Affairs als Politikberatung?

Zweifelsohne erbringen Public-Affairs-Professionals dabei politische Beratungsleistungen in der Innen- (z.b. Vorstandsbriefings) und Außenwelt des Unternehmens (z.b. Gespräche mit Abgeordneten und Ministerialbeamten). Ob es sich bei Public Affairs aber um Politikberatung handelt, hängt von der Perspektive des Betrachters ab. Vertreter des klassischen (engen) Politikberatungsbegriffs reduzieren diesen gerne auf von Wissenschaftlern geleistete und auf wissenschaftlichen Methoden und Standards basierende, rational-problemlösungsorientierte, unabhängige und überparteiliche Konsultation, die besonderen Qualitätskriterien wie Distanz, Pluralität, Transparenz und Öffentlichkeit (Heinze, 2009, S. 17) zu entsprechen hat. Eine solche, auf akademischen Postulaten wie Wahrheit und Weisheit beruhende und auf das gesamtgesellschaftliche Wohl ausgerichtete Ratgeberleistung wird traditionell von Sachverständigenräten, Expertenkommissionen, Universitäten, Think Tanks oder Stiftungen erbracht und unterscheidet sich nach Auffassung einiger Autoren von stärker partikularistischen und persuasiven Beratungsformaten (Gohl, 2004; Husted et al. 2010; Nohlen & Schultze, 2010b; Siefken, 2010). Dem komplementär gegenüber steht der breit gefasste Politikberatungsbegriff, der keinen ausschließlichen Fokus auf Problemlösung oder Rationalisierung legt und auch kommerzielle und interessengeleitete Konsultationen als Politikberatung begreift. Machterhalt, Einfluss und Zugang werden hier als legitime Motive akzeptiert und das Spektrum der Akteure bspw. auf Agenturen, Kanzleien, Unternehmen, Verbände und andere Interessengruppen ausgedehnt (Dagger et al., 2004; Lösche, 2006; Radunski, 2006; Priddat, 2009; Heinze, 2009). Zwar monieren einige Wissenschaftler derartige begriffliche Ausweitungen und plädieren ausdrücklich für die Rückbesinnung auf einen stärker inhaltlich ausgerichteten und wissenschaftlichen Grundsätzen genügenden Politikberatungsbegriff (Siefken, 2010), die Schwierigkeit zwischen wissenschaftlichen und nicht-wissenschaftlichen

Beratungsformen zu unterscheiden bleibt aber insbesondere angesichts der Tatsache bestehen, dass auch die akademische Praxis nicht frei von Eigeninteressen und Parteilichkeit ist. Die Trennschärfe derartiger Abgrenzungen darf deshalb zumindest teilweise in Frage gestellt werden. Moderne Politikberatung lässt sich eben nicht mehr in Schwarz-Weiß-Schemata pressen, sondern findet in einem sehr komplexen, mehrdimensionalen Kreislauf statt, in dem politische Prozesse (politics) und Inhalte (policies) mithilfe der Produktion, Aufbereitung und Vermittlung handlungsrelevanter Wissensbestände durch eine Vielzahl an Akteuren mitgestaltet werden. Ausgehend von einem breiten Politikberatungsbegriff wird in dieser Arbeit deshalb Politikberatung als eine der zentralen Leistungen der CPA verstanden, die sowohl in der Innenwelt (quasi als Inhouse-Politconsulting), als auch der Außenwelt des Betriebes stattfindet. Dabei wird durch CPA versucht auf Basis von innerbetrieblich fundiertem Inhalts- und Prozesswissen Einfluss auf politisch-administrative Entscheidungsprozesse zu nehmen.

2.3.5 Corporate Public Affairs als Government Affairs?

Der letzte Begriff, der in der Literatur wiederholt Erwähnung findet und zu dem entsprechender Abgrenzungsbedarf besteht ist Government Affairs (syn. Government Relations). Unter Government Affairs (GA) wird die „Beziehungspflege zu Regierungseinrichtungen auf lokaler, regionaler, überregionaler und internationaler Ebene" (Greven, 2009, S. 20) verstanden, oder wie Gloria Walker prägnant formuliert: „Government Relations means just that – building a relationship with both elected and appointed officials who have an interest in the organisation and/or issues which affect it" (Walker, 2007, S. 151). Einige wenige Autoren setzen den Begriff mit PA gleich (Malone, 2008). Dies ist aber logisch inkonsequent, weil die Anspruchsgruppen der CPA nachweislich aus mehr als nur Beamten, Politikern und Mitarbeitern in Ministerien, Behörden und Parlamenten bestehen. Plausibler ist es GA als funktionalen Teilbereich der CPA zu definieren. Diese Arbeit schließt sich dieser offensichtlichen Mehrheitsmeinung (Schönborn & Wiebusch, 2002; Lerbinger, 2007; Walker, 2007; Greven, 2009; McGrath et al., 2010; Schepers, 2010) an und betont ausdrücklich, dass neben gouvernementalen Stakeholdern unter anderem auch intermediäre und zivilgesellschaftliche Organisationen oder gar auch Medien und damit per definitionem nicht-gouvernementale Anspruchsgruppen für das politische Themen- und Beziehungsmanagement relevant sind.

Nachdem Corporate Public Affairs zu Corporate Communications, Public Relations, Lobbying, Politikberatung und Government Affairs hinreichend abgegrenzt wurde, lässt sich zusammenfassend festhalten, dass es sich bei CPA um eine neue, eigenständige und unter dem Dach der Corporate Communications angesiedelte Unternehmensfunktion handelt, die für die ganzheitliche und integrierte Steuerung der gesamten politischen Kommunikation des Betriebes mit allen am politischen Entscheidungsprozess direkt und indirekt beteiligten Akteuren verantwortlich ist. CPA vereint deshalb konsequenterweise in funktionaler und technischer Hinsicht verschiedene Charakteristika, Methoden, Strategien und Instrumente der Public Relations, des Lobbying, der Politikberatung und der Government Affairs in sich und ist im Kern nichts anderes als die themenzentrierte Beziehungspflege zu internen und externen Stakeholdern. Als Schnittstellenfunktion gestaltet CPA für das Unternehmen situations-, ziel-, und problemangemessen die politikbezogene Mehrebenen- und Mehrkanalkommunikation in verschiedenen innerbetrieblichen und außerbetrieblichen Umwelten.

2.4 Besonderheiten des Internationalen Corporate Public Affairs Managements

Folgt man bisherigen Publikationen (Meznar, 1993; Meznar, 1996; Berg, 2003; Drogendijk, 2003; Fleisher, 2010) scheint ‚International' das am besten geeignete Attribut zu sein, um die grenzüberschreitenden und oft simultan innerhalb und zwischen diversen politischen Räumen weltweit stattfindenden Public-Affairs-Operationen zu beschreiben. Dabei lassen sich die Interaktionsräume des International(en) Corporate Public Affairs Managements (ICPAM) in Anlehnung an das Corporate Political Activity Modell der amerikanischen Politikwissenschaftlerin Duane Windsor am Besten mithilfe eines dreidimensionalen Rasters beschreiben (Windsor, 2007). Das Handlungsfeld konstituiert sich demnach durch mehrere Politikfelder (X-Achse), Jurisdiktionskompetenzen (Y-Achse) und politische Ebenen (Z-Achse) mit je spezifischen Stakeholderkonstellationen und lässt sich grafisch in einem dreidimensionalen kartesischen Koordinatensystem darstellen (Siehe Abb. 7). ICPAM findet demnach auf mehreren Handlungsebenen (sog.

Policy-Levels; Siehe Abb. 8) zugleich statt. Innerhalb dieser Ebenen wiederum bewegen sich die Akteure in bestimmten thematisch strukturierbaren Interaktionsbereichen. Diese Interaktionsbereiche werden häufig auch als Politikfelder bezeichnet.

Abbildung 7: Handlungsdimensionen des ICPAM.

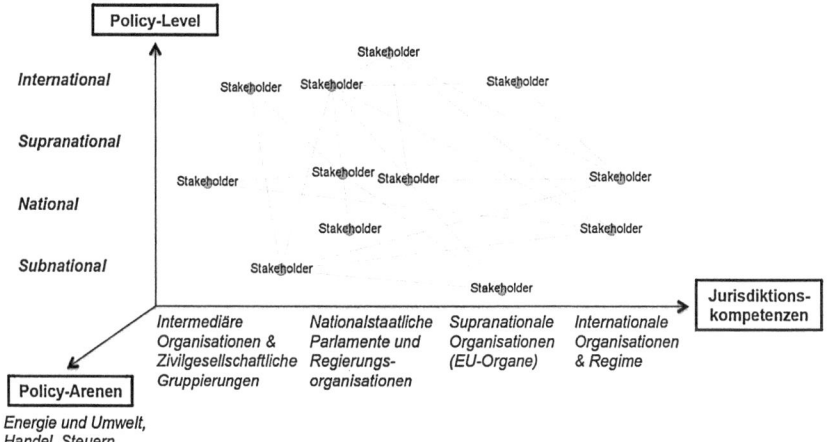

Politikfelder bestehen in struktureller Hinsicht aus institutionellen Arrangements und in interaktionistischer Hinsicht aus unzähligen Akteuren (Individuen und/oder Organisationen), die als interdependente soziale Handlungseinheiten ihrerseits wiederum Einfluss auf politische Strukturen (Polity), Prozesse (Politics) und Inhalte (Policies) nehmen (Schneider & Janning, 2006, S. 64 ff.). Jurisdiktionen wiederum beziehen sich auf die Regulierungskompetenzen der Akteure innerhalb der Arenen und beschreiben die verschiedenartigen Verbindlichkeitsgrade (freiwillig bis rechtsverbindlich) und Formen (z.B. Grünbücher, Weißbücher, Verordnungen, Gesetze etc.) der kollektiven Entscheidungsprozessen entspringenden politischer Programme.

Abbildung 8: Typologie politischer Handlungsebenen (Policy-Level).

Politische Handlungsebenen des ICPAM		
International	Staatenbündnisse: Internationale Institutionen, die auf zwischenstaatlichen Konsensprinzipien (freiwillige, unverbindliche Zusammenschlüsse) basieren; multi-, tri- und bilaterale Verträge und Vereinbarungen; Ebene der klassischen internationalen Organisationen (IOs) und Regime (IRs)	Beispiele UNO, WTO, ASEAN ...
Supranational	Staatenverbund: Internationale Institutionen, die sich vom zwischenstaatlichen Konsensprinzip lösen (bisher nur EU); Hoheitsbefugnisse internationaler Organisationen und starke Bindungswirkung von Völkerverträgen; partielle Preisgabe von Souveränität durch Mitgliedsstaaten; politikfeldspezifische und rechtsverbindliche Regulierungskompetenzen	Europäische Union (EU)
National	Bundes- oder Zentralstaaten: Operationen innerhalb der Grenzen eines Nationalstaates; Staaten als souveräne politische Gebilde mit möglichen gliedstaatlichen und teilautonomen Komponenten (siehe Subnational)	Bundesrepublik Deutschland ...
Subnational	Gliedstaaten: Umfasst die föderale, distriktorale (regionale) und lokale (kommunale) Ebene pol. Interaktion innerhalb nationalstaatlicher Grenzen	Freistaat Bayern ...

Das später in dieser Arbeit erneut aufgegriffene Konzept des politischen Raumes vereint diese drei Handlungsdimensionen in sich, in dem es die auf bestimmten politischen Ebenen stattfindenden und an spezifische Jurisdiktionen gebundenen Interaktionsbeziehungen zwischen einem MNU und dessen soziopolitischen Stakeholdern über mehrere Politikfelder hinweg als Handlungskontext aller politischen Interaktionen theoretisch-konzeptionell beschreibt.

Abbildung 9: Beispiele für Policy-Arenen (syn. Politikfelder) des ICPAM.

Beispiele für **Politikfelder des ICPAM**	
• Arbeit und Soziales • Umwelt, Energie und Klima • Auswärtige Beziehungen/Außenpolitik • Außen- und Binnenhandel • Verkehr und Infrastruktur • Wirtschaft und Industrie • Steuern und Subventionen • Regional- und Stadtentwicklung	• Forschung und Entwicklung • Verbraucherschutz • Zuwanderung und Minoritäten • Innere Angelegenheiten/Innere Sicherheit • Wettbewerbs- und Kartellrecht • Sport und Jugend • Bildung und Erziehung ...

Neben diesen auf die CPA-Tätigkeit an sich bezogenen Handlungskontexten, muss International Corporate Public Affairs Management diverse länderspezifische Umgebungs-bedingungen (z.B. politische System- und Kulturspezifika, rechtliche Vorgaben etc.) berücksichtigen. Vor allem bei Operationen in auswärtigen Märkten ist Sensibilität für soziale, kulturelle, politische, rechtliche und ökonomische Spezifika gefragt, weil die soziopolitische Exponiertheit der MNUs dort traditionell höher ist und protektionistisch-nationalistische Tendenzen sowie ausländerdiskriminierende Regulierungspraktiken den Geschäftserfolg weitaus stärker beeinträchtigen können, als im gewohnt stabilen heimatmarktlichen Umfeld. Komplexitätssteigernd wirkt sich überdies die Arbeit auf der zwischen- und überstaatlichen Ebene aus. Dabei stärkt die partielle Abwesenheit beziehungsweise Funktionsschwäche von Staatlichkeit auf internationaler Ebene (Stichwort: ‚Regieren ohne Regierung') einerseits die Verhandlungsposition der MNUs, weil beispielsweise Staaten in Standortverhandlungen auf politischer Ebene gezielt gegeneinander ausgespielt, oder durch geschicktes Verschieben von Kapitalanlagen Steuerabgaben vermieden werden, anderseits werden die MNUs aber auch mit einem neuartigen und durchaus sehr schlagkräftigen Set zivilgesellschaftlicher (Internationale Nichtregierungsorganisationen, sogen. INGOs), Think-Tanks, Gewerkschaften, Verbraucherschutz- und Umweltgruppen etc.), medialer (z.B. transnationale Medien) und intergouvernementaler (Internationale Organisationen, sogen. IOs; z.B. UNO, WTO etc.) Akteure konfrontiert, die mit ihren Forderungen zusätzlichen Handlungsdruck erzeugen. An ICPAM werden in der Summe also weitaus höhere Anforderungen als an rein nationales CPAM gestellt. Als für das Management politischer Ansprüche und Regulierungen verantwortliche Funktion nimmt es innerhalb der Corporate Communications deshalb eine Schlüsselrolle als wettbewerbsentscheidende Unternehmensfunktion ein.

3 Stand der Forschung

An die ausführliche Begriffsbestimmung schließt sich in diesem Kapitel die Rekonstruktion und Diskussion des aktuellen Literatur- und Forschungsstandes an. Aufgrund der starken Fragmentierung des Feldes durch verschiedenartige disziplinäre, geografische, perspektivische, theoretische und methodische Zugänge kann dabei jedoch nur ein dem Umfang dieser Arbeit angemessener Ausschnitt aufbereitet werden. Dabei liegt der Schwerpunkt auf Beiträgen aus dem deutschsprachigen Raum und auf Erkenntnissen, die in Bezug auf Internationales Public Affairs Management und die Dimensionen Akteure und Inhalte gewonnen wurden.

3.1 Stand der internationalen und deutschsprachigen Forschung

Bis in die frühen 1990er-Jahre blieb die PA-Forschung mehrheitlich auf den angloamerikanischen Raum beschränkt. Erst mit der Jahrtausendwende schritt die Internationalisierung und Ausdifferenzierung des Feldes in Kontinentaleuropa weit genug voran, um PA endlich auch im deutschsprachigen Raum als eigenständiges, jedoch stark interdisziplinäres und primär anwendungsorientiertes Nischenforschungsfeld zu etablieren. Im Kern verhalfen die akademischen Kerndisziplinen der Politik- (v.a. Lobbyismus- und Verbändeforschung), Wirtschafts- (v.a. Strategische Managementforschung) und Kommunikationswissenschaften (v.a. PR-Forschung) der PA-Forschung dem Status Nascendi zu entwachsen und sich mit eigenen Erkenntnissen schrittweise von der nach wie vor deutlich spürbaren Dominanz britischer und amerikanischer Beiträge zu emanzipieren. Die graduelle Intensivierung und Internationalisierung der deutschsprachigen Forschung über die letzten beiden Dekaden hinweg fand jedoch unter den argwöhnischen Blicken wohlsituierter Forschungsbereiche statt, die es dem jungen Feld mit bereits etablierten Begriffen und Konzepten schwer machten, einen Platz als eigenständiger Forschungsstrang einzunehmen. Hinzu kommt, dass die stark staatszentrierte politikwissenschaftliche Forschung hierzulande ihren Fokus lange Zeit auf organisierte Interessen in ihrer klassischen Form von Verbänden legte und individuelle Interessenvertretung privatwirtschaftlicher

Akteure als Randphänomen abtat, das erst im Zuge der durch den Berlin-Bonn-Umzug und den europäischen Integrationsprozess angestoßenen Veränderungen gebührende Aufmerksamkeit erlangte. Seitdem hat eine Art Aufholjagd der PA-Forschung begonnen, bei der die drei oben genannten Disziplinen mit je spezifischen Terminologien, Modellen, Konzepten, Theorien, Forschungsfragen und Forschungsdesigns einen Beitrag leisten, um die Lücken im Feld zu schließen. Dabei scheinen sich wirtschaftswissenschaftliche Abhandlungen durch ihren Schwerpunkt auf Wertschöpfungsbeitrag, Effizienz, Strategien und Ressourcenausstattung (Siedentopp, 2007) von politikwissenschaftlichen Publikationen zu unterscheiden, bei denen die Motive politischen Engagements, die Methoden der Interessendurchsetzung und die Effektivität von Lobbying-Maßnahmen im Fokus stehen (Schauerte, 2008). Für die Kommunikationswissenschaften wiederum sind Fragen nach Instrumenten, Adressaten, Ablauf und Öffentlichkeitsgrad der durch CPA gestalteten kommunikativen Einflussbeziehungen interessant (Olfe-Kräutlein, 2012). Hier lässt sich die CPA-Forschung grob unter dem Dach der politischen Kommunikations- bzw. Organisationskommunikationsforschung verorten und auf Erkenntnisse der strategischen PR-Forschung zurückgreifen.

Abbildung 10: Public Affairs – Fachvertreter, Journals und Berufsverbände.

Corporate Public Affairs als Forschungsfeld	
Journals	Journal of Public Affairs; Interest Groups & Advocacy; Business & Politics; Business & Society; Journal of Communication Management; Academy of Management Journal; California Management Review; Long Range Planning ...
Fachmagazine	Campaigns and Elections; Corporate Public Affairs; Politik und Kommunikation ...
Fachvertreter	*Europa*: Rinus Van Schendelen; Marco Althaus; Nicola Berg; Andrea Römmele; Birger Priddat; Rudolf Speth; Peter Köppl; Jörg Rieksmeier; Phil Harris; Daniel Moss; Jean J. Boddewyn; Conor McGrath; Stuart Thomson; Steve John ... *Nordamerika*: Jennifer J. Griffin; Craig S. Fleisher; Otto Lerbinger; James Post; Martin B. Meznar; Steve Brenner; Amy Hillman; Michael A. Hitt; Frank R. Baumgartner; Jeffrey M. Berry; Ronald J. Hrebenar; Anthony J. Nownes; Robert Salisbury; Karl Lehman Schlozman; John Mahon; Achie Carroll; Aidan Vining; Dan Schapiro ...

	Corporate Public Affairs als Forschungsfeld
Berufsständische Organisationen	UK Public Affairs Council (UKPAC); European Center for Public Affairs (ECPA); Schweizer Public Affairs Gesellschaft (SPAG); Austrian Lobbying & Public Affairs Council (ALPCA); Österreichische Public Affairs Vereinigung (OEPAV); Public Affairs Council (PAC); Public Affairs Association of Canada (PAAC); Canadian Council for Public Affairs Advancement (CCPAA); Australian Center for Corporate PA (ACCPA) ...

Wie eingangs erwähnt mangelt es dem Feld deutlich an Struktur und Systematik. Zwar wurden vereinzelt Versuche unternommen, verschiedene Wellen (Griffin, 2005; Fleisher, 2005), Phasen (Boddewyn, 2007) und Ansätze (Berg, 2003) herauszuarbeiten und im Rahmen von Review-Artikeln mit umfangreichen bibliografischen Angaben die Erkenntnisse der internationalen Forschung zusammengefasst (Schuler, 2001; Windsor, 2001; Hillman, 2002; Hillman et al., 2004; Griffin et al., 2001a/b), das Feld aber ist zu breit und diffus, um es nur irgendwie ganzheitlich darstellen zu können. Neben dem Mangel an theoretischer Fundierung und definitorischem Konsensus ist dies unter anderem auf diverse Überschneidungen mit den Forschungsfeldern Corporate Political Activity (Hillman et al., 2004; McGrath et al., 2010; Moss et al., 2012), Business and Society (Windsor, 2001), Corporate Lobbying, Politikberatung (Leif & Speth, 2003; Wehrmann, 2007) und der PR-Forschung zurückzuführen.

Nichts desto trotz können einige Forschungsschwerpunkte klar benannt werden. So ist in empirischer Hinsicht in englischsprachigen Arbeiten ein Fokus auf Organisation, Ressourcenbasis, Adressaten, Aktivitäten, Methoden, Techniken, Strategien und die CPA-Funktion in amerikanischen (Post et al., 1982; Mahon, 1982; Baysinger & Woodman, 1982; Irion & Marcus, 1987; Marcus & Kaufman, 1988; Meznar & Nigh, 1995; Griffin & Dunn, 2004; Hawkinson, 2005) und britischen Unternehmen (Macmillan, 1984; Cameron, 1990) gelegt worden. In kausalanalytischer Hinsicht wiederum wurden mithilfe komplexer statistischer Verfahren (i.d.R. Regressionsmodellen) die Einflüsse verschiedenster Variablen (z.B. Branchenzugehörigkeit, Produktdiversifikationsgrad etc.) auf das pol. Engagement (Hansen & Mitchell, 2000; Hansen et al., 2005; Brasher & Lowery, 2006) sowie weitere endogene (z.B. Ressourcenbasis) (Drope & Hansen, 2006) wie auch exogene (z.B. pol. System; pol. Kultur) Determinanten der Public Affairs geprüft (Schauerte, 2008). Hinzu kommen einige Benchmarkingberichte berufsständischer Organisationen, wie der zweijährlich herausgegebene ‚State of Corporate Public Affairs Report' des Public Affairs Councils (PAC) in Washington D.C. sowie diverse Auftragsstudien von PA-Agenturen (APCO, MSL, Burson-Marsteller etc.) und Unternehmensberatungen (McKinsey, BCG etc.), die ihren Auftraggebern helfen das politische Klima auszuloten und mögliche Klienteninteressen zu antizipieren.

Im deutschsprachigen Raum wiederum hat sich die empirische Forschung bereits mit PA in Schweizer Agenturen, Verbänden und Unternehmen (Hoffmann et al., 2007) und Berliner Konzernrepräsentanzen (Priddath & Speth, 2007; Olfe-Kräutlein, 2012), CPA Aktivitäten deutscher Großunternehmen (Bihler, 2007; Siedentopp, 2007), PA in deutschen und europäischen Agenturen (Mastalerek, 2002; Milinewitsch, 2005; Stolzenberg, 2005; Edelhoff, 2007; Husen, 2013), CPA-Aktivitäten deutscher MNUs im Ausland (Berg & Holtbrügge, 2001; Berg, 2003) und soziopolitischen Determinanten der PA (Schauerte, 2008) sowie dem Einfluss der CPA-Aktivitäten auf den Unternehmenserfolg (Siedentopp, 2007) näher beschäftigt. Hinzu kommen ein Ländervergleich mit Österreich (Lederer et al., 2005) und eine Fallstudie zu den Government Affairs Aktivitäten eines großen deutschen Chemiekonzerns in Berlin (Escher, 2003). Überdies haben sich einige Abschlussarbeiten dem Thema bereits ausführlicher theoretisch angenähert (Mastalerek, 2002; Malone, 2008; Greven, 2009). Dabei scheinen Dissertationen (Berg, 2003; Siedentopp, 2007; Bihler, 2007; Schauerte, 2008; Greven, 2009; Olfe-Kräutlein, 2012), wissenschaftliche Abschlussarbeiten (Mastalerek, 2002; Milinewitsch, 2005; Edelhoff, 2007; Malone, 2008; Husen, 2013) und Praxishandbücher (Köppl, 2000; Schönborn & Wiebusch, 2002; Köppl, 2003; Merkle, 2003; Bender et al. 2003; Althaus et al., 2005; Rieksmeier, 2007) die dominierenden Publikationsformen zu sein. Aufsätze in renommierten Journals finden sich hingegen nur sehr selten. In analytischer Hinsicht werden in den genannten Studien in der Regel Akteure und Adressaten, Organisation, institutionelle Anbindung, Ressourcenausstattung, Rolle und Funktionsspektrum, Aktivitätsprofil, Methoden, Techniken, Strategien, Instrumente, Herausforderungen, Wertorientierungen der PA-Manager und Formen der Selbst- und Fremdregulierung behandelt.

Zusammenfassend lässt sich festhalten, dass die deutschsprachige Literatur nach wie vor stark fragmentiert und primär deskriptiver Natur ist.

Sie richtet sich vornehmlich an Praktiker, beruht methodisch ausschließlich auf Befragungen oder Dokumentenanalysen und wird international kaum wahrgenommen. Ein prinzipielles Defizit besteht darüber hinaus in Bezug auf theoretische Modelle zur Beschreibung und Erfassung der Public-Affairs-Aktivitäten.

3.2 Ausgewählte Arbeiten und Ergebnisse

Nur wenige Publikationen behandeln explizit die Internationale Dimension. Dabei handelt es sich überwiegend um theoretische Abhandlungen amerikanischer und britischer Autoren (Blake, 1981; Bergner, 1982; Lusterman, 1985; Boddewyn, 1988; Lenn, 1996; Fleisher, 2003; Blumentritt, 2003; Drogendjik, 2003; Boddewyn, 2007; Fleisher, 2010; Moss et al., 2012). Der deutschsprachige Beitrag ist durchweg überschaubar (Berg & Holtbrügge, 2001; Berg, 2003; Holtbrügge et al., 2007). Darüber hinaus finden sich im Allgemeinen kaum empirische Arbeiten. Alles in allem konnten mit Einbezug einer Auftragsarbeit des Public Affairs Councils (PAC) sechs Studien ausgemacht werden, deren Resultate sich anhand ausgewählter Analyseaspekte studienübergreifend wie folgt kurz darstellen lassen:

Abbildung 11: Studien zu Internationalem Corporate Public Affairs Management.

Autor	Untersuchungsgegenstand	Methode/Sample
Meznar (1993)	Einfluss diverser Unternehmens- und Umweltvariablen auf Strategien und Entscheidungsstrukturen von CPA in HQs/Einsatz von Koordinations- und Kontrollinstrumenten für die internationale Steuerung der CPA-Aktivitäten	Vollstandardisierte schriftliche Befragung von 115 Führungskräften amerikanischer MNUs
Berg & Holtbrügge (2001)	CPAM-Instrumente und Bedeutung diverser Stakeholder-gruppen für die Public Affairs Arbeit der Zweigstellen 12 deutscher MNUs in Indien	Teilstandardisierte persönlich-mündliche Befragung von 12 Expats/Indischen PA-Managern
Berg (2003) (Dissertation)	Internationales CPAM 19 deutscher MNUs in China, Deutschland, Frankreich, Indien, Russland und den USA; Deskription und Analyse diverser Aspekte	Teilstandardisierte persönlich-mündliche Befragung von 84 PA-Managern; Dokumentenanalyse

Autor	Untersuchungsgegenstand	Methode/Sample
Blumentritt (2003)	Einfluss von Bargaining Power, Top-Management Haltung und Host-Country-Variablen auf die Government-Affairs-Strategien von 91 Niederlassungen 22 amerikanischer MNUs in 37 Ländern weltweit	Vollstandardisierte schriftliche Befragung von 91 Führungskräften in Zweigstellen von Industrie & Chemieunternehmen
Public Affairs Council (PAC) (2011a) (Praxisstudie)	Funktion, Berichtswesen, Themen, Ressourcen, Tools, Strategien und Herausforderungen des Internationalen CPAM in Zentralen und Zweigstellen 61 amerikanischer MNUs in Argentinien, Brasilien, Kanada, China, EU, Indien, Mexiko, Russland und Südkorea	Vollstandardisierte schriftliche Befragung von 61 PA-Managern der Mitgliedsunternehmen des Public Affairs Councils (PAC)
Moss et al. (2012)	Struktur, Organisation, Ressourcenausstattung, Funktionsbezeichnungen, Berichtspflichten, Strategische Rolle und Einflussgrößen von und auf Internationales CPAM in den Zentralen und Zweigstellen britischer und europ. MNUs in Europa, Nordamerika, Australien, Asien und Afrika	Erhebungsphasen: (1) Qualitative Experteninterviews mit 25 Senior PA-Managern britischer MNUs; (2) 11 Tiefeninterviews mit PA-Managern anderer MNUs

Organisation: Die überwiegende Mehrheit der MNUs hat Public Affairs in Abteilungsform bereits institutionalisiert und diese auf Vorstands- oder Geschäftsführungsebene angebunden (Berg, 2003; Moss et al., 2012). Die Verantwortlichkeiten für das Themen- und Beziehungsmanagement werden dabei von PA-Managern in Zentralen (Netzwerk- bzw. Koordinationsstellen) und Länderbeauftragten (sogen. ‚Country Managern') in Zweigstellen (operatives Stellenprofil) geteilt (PAC, 2011a). Obgleich die Funktionsbezeichnungen höchst heterogen sind (z.b. Public-, Government-, und Regulatory Affairs) und Abteilungen in den Zweigstellen vereinzelt auch an andere Funktionen angegliedert sind (z.b. Legal oder Corporate Communication) wird ihnen vom Top-Management prinzipiell eine hohe strategische Relevanz attestiert (Moss et al., 2012). Neben den Märkten Deutschland, Großbritannien und USA scheint sich die Präsenz jedoch auf eine kleine Zahl volkswirtschaftlich starker auswärtiger Staaten (v.a. Kanada, Argentinien, Brasilien, Mexico, Russland, China, Indien, Japan und Südkorea) zu beschränken (Berg, 2003; Holtbrügge et al., 2007; PAC, 2011a).

Steuerung: Die Kontrollmechanismen der Zentralen sind tendenziell stark personenzentriert und hierarchischer Natur und arbeitspraktisch häufig reduziert auf direkte Bericht-erstattung an den Leiter der PA-Abteilung in der Zentrale, der mittels Mitarbeiterleistungsevaluation und Gehaltsverhandlung das Personal in den Zweigstellen zu steuern versucht (Berg, 2003). Die duale fachliche Anbindung an das Management vor Ort und in der Firmenzentrale scheint einige Spannungskonflikte zu provozieren und trotz disziplinärer und fiskalischer Dependenz starke beidseitige Informationsdefizite nach sich zu ziehen (Moss et al., 2012).

Ressourcenausstattung & Instrumente: Die personelle und finanzielle Ressourcenbasis variiert stark von MNU zu MNU und ist beispielsweise von Variablen wie Firmengröße, Branchenregulierung und Management-Einstellung abhängig (Blumentritt, 2003). Im Allgemeinen lässt sich jedoch am Exempel amerikanischer MNUs nachweisen, das Zentralen mit durchschnittlich einem Dutzend festangestellten Mitarbeitern weitaus besser ausgestattet sind als die Zweigstellen. Hier sind es laut PAC-Studie durchschnittlich nur 5 Mitarbeiter. Selbiges gilt für die Budgets, deren Mittelwert sich auf etwa 10 Millionen U.S. Dollar in Zentralen und etwa 2 Mio. in Zweigstellen beläuft. Im Verhältnis zu anderen Bereichen und Funktionen ist Public Affairs damit ganz klar eine Nischenfunktion, die sich meist der Instrumente Verbandsarbeit, Eventmanagement, Direktlobbying, Coalition Building, CSR, Sponsoring, Political Advertising und Presse- und Öffentlichkeitsarbeit bedient. Dies spiegeln auch die Ausgabenschwerpunkte der Budgets entsprechend wieder (Moss et al., 2012; PAC, 2011b).

Themen: Selbstredend treten bei den Inhalten starke unternehmens- und branchenspezifische Unterschiede auf. Scheinbar ist es jedoch so, dass ökonomischen Themen prinzipiell stärkere Priorität zuteil wird als ökologischen, gesellschaftlichen und allgemeinpolitischen (Berg, 2003). Die Mehrheit der Themen lässt sich außerdem auf nationalstaatlicher Ebene verorten (laut PAC 70% Single Country Issues). Inter- und transnationale Sachverhalte sind eher die Ausnahme. Zu den wichtigsten Themenfeldern amerikanischer MNUs zählen Handel, Besteuerung, Soziales und Beschäftigung, Datenschutz, geistiges Eigentum, Energie und Umwelt. Die Anzahl der weltweit bearbeiteten Themen bewegt sich im Schnitt zwischen 5 und 20. Nur knapp 10% der PAC-Mitglieder gaben an, in der Summe mehr als 50 weltweit zu bearbeiten (PAC, 2011a). Im Rahmen der fiskalischen und personellen Möglichkeiten scheint ICPAM demnach viel stärker sachorientiert und in der Tiefe an politischen Themen zu arbeiten als von den meisten theoretischen Abhandlungen vermutet wird.

Anspruchsgruppen: Bezüglich der Art und des Stellenwertes der Adressaten sind sich die Studien weitestgehend einig. Zu den externen Stakeholdern zählen in erster Linie Heimat- und Gastlandregierungen mit dazugehörigen Verwaltungseinrichtungen sowie Parlamente, Parteien, Verbände (v.a. Dach-, Branchen-, Arbeitgeber- und Berufsverbände), Gewerkschaften, Business Clubs, Inlandshandelskammern und Außenhandelsvertretungen. In zweiter und dritter Linie werden Medien, Wettbewerber, Umwelt- und Verbraucherschutzgruppen, Think Tanks, Stiftungen, nationale und Internationale NGOs sowie Internationale Organisationen genannt. Eher peripher sind Justiz, Kunden, Lieferanten, Kirchen, Bürgerinitiativen und alle Arten von Bildungs-, Wissenschafts-, Kultur- und Sozialeinrichtungen. Staatliche Anspruchsgruppen auf nationaler, föderaler und supranationaler Ebene genießen indes höchste Priorität (Berg & Holtbrügge, 2001; Berg, 2003; PAC, 2011a). Zu den internen Stakeholdern wiederum zählen neben dem Vorstand unter anderem Rechtswesen, Marketing, PR und diverse themenspezifisch eingebundene Fachabteilungen in den Geschäftsbereichen Vertrieb, Einkauf, Personalwesen, Produktion, Forschung und Entwicklung in den Zentralen und Zweigstellen gleichermaßen (PAC, 2011a).

3.3 Kritische Würdigung und Implikationen für das eigene Vorhaben

Die Forschungslücken im Feld sind mannigfaltig und bieten diverse Anknüpfungspunkte für künftige Arbeiten. Die Hauptkritikpunkte dieser Arbeit gelten der mangelnden theoretischen Fundierung (Relativer Mangel an Groß- und Arbeitstheorien), der methodischen Einseitigkeit (Primär Befragungen, keine Inhaltsanalysen, Beobachtungen oder Experimente), dem Mangel an komparativen Designs und Fallstudien, dem stark nationalen Fokus der deutschsprachigen Forschung und den vielen monodisziplinären Zugängen. Im Bezug auf das Internationale Corporate Public Affairs Management lässt sich ferner ein Mangel an empirischen Arbeiten jedweder Couleur sowie der starke Anglozentrismus der Forschung monieren. Über ICPAM außerhalb des nordamerikanischen Kontinentes ist kaum etwas bekannt. Hinzu kommt, dass der Themendimension bisher kaum Beachtung geschenkt und auch die Binnenkommunikation weitestgehend vernachlässigt wurde. PA wird von den meisten Autoren immer noch als rein nach außen gerichtetes Kommunikationsphänomen begriffen. Über all dem aber steht die Elementarkritik dieser Arbeit, der Mangel an perspektivischer Diversität und der Vorwurf, Public Affairs sei bisher empirisch nur als individuelles Merkmal betrachtet sowie theoretisch angemessen beschrieben und nicht als überindividuelles Kommunikationsphänomen konzeptualisiert worden, welches es de facto aber ist, weil Corporate Public Affairs die politischen Einflussbeziehungen eine Organisation verantwortet und damit de natura ein relationales Phänomen ist. Das perspektivische und theoretische Defizit wird deshalb zum Anlass genommen, ein interdisziplinär theoretisch fundiertes Modell eines CPA-Netzwerkes zu erarbeiten, um so Akademikern wie Praktikern eine neue Perspektive auf politische Unternehmenskommunikation zu eröffnen und einen Beitrag zur Modellentwicklung im Feld zu leisten.

4 Public Affairs als Themen- & Stakeholdermanagement

Neben der Begriffsklärung in Kapitel 3 soll nun in diesem Kapitel mit der Dimensionierung des Konstrukts und der Auswahl eines geeigneten theoretischen Rahmens der zweite Schritt auf dem Weg zur Modellkonstruktion gegangen werden. Dabei wird das Konstrukt zunächst in die beiden Dimensionen *Akteure* und *Inhalte* aufgespalten und diese mit geeigneten Theoriengebäuden unterfüttert. Abschließend werden die getrennt erörterten Dimensionen mitsamt ihrer Annahmen, Begriffe, Konzepte und Modelle mit dem Argument, bei CPA handle es sich im Kern um themenzentriertes Stakeholdermanagement analytisch zusammengeführt.

4.1 Corporate Public Affairs als mehrdimensionales analytisches Konstrukt

ICPAM ist mehr als nur ein Begriff, sondern kann aus wissenschaftstheoretischer Perspektive als ein vom Forscher konstruiertes, künstliches analytisches Gebilde (sogen. Konstrukt) angesehen werden, das es ermöglicht aufeinander beziehbare Teilaspekte eines Kommunikations-phänomens (sogen. Dimensionen; auch Problem-, Themen- und Analysebereiche) auf einer höheren Abstraktionsstufe miteinander in Verbindung zu bringen. Die dem Prozess der Dimensionierung inhärente Aus- bzw. Unterdifferenzierung ist nötig, um derart komplexe Untersuchungsgegenstände überhaupt erst ganzheitlich darstellen und so einen Beitrag zur Theorieentwicklung leisten zu können. Bisherige Arbeiten unterscheiden hierbei beispielsweise die Dimensionen Aktivität, Organisation und strategischer Stellenwert (Siedentopp, 2007), die Begriffs-, Organisations-, Aktions-, Wert-, Struktur-, Professions- sowie Akteursdimension (Olfe-Kräutlein, 2012) oder die Themenbereiche Lobbying, Verhaltensgrundsätze, Öffentlichkeitsarbeit, Sponsoring, freiwillige Selbstverpflichtung, Konsultationen, Bestechung, und Rechtsmittel (Berg, 2003). Die dem Modell zugrunde gelegte akteurszentrierte, strukturalistische Epistemologie verlangt jedoch nach einer Fokussierung auf Akteurskonstellationen und Interaktionsbeziehungen, weshalb der inhaltliche Gegenstandsbereich (*Inhalts-dimension*) und die Interaktionspartner (*Akteursdimension*) die beiden zentralen analytischen Dimensionen des Netzwerkmodells darstellen. Die dem Modell zugrunde liegende Vorstellung von ICPAM als zweidimensionalem Konstrukt impliziert dabei eine hierarchische Ordnung der Konstrukte. Auf der ersten Stufe steht der übergeordnete, zu erklärende Untersuchungsgegenstand, der sich wiederum in zwei Subdimensionen aufgliedern lässt, die jeweils über eigene Begriffe, Konstrukte, Konzepte, Modelle und Annahmen verfügen.

Abbildung 12: ICPAM als zweidimensionales Konstrukt.

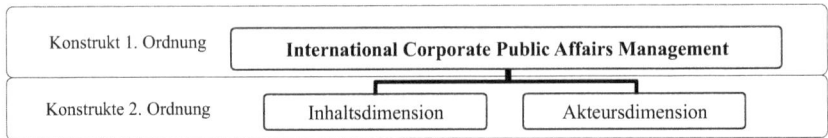

Sucht man nach möglichen theoretischen Fundierungen für die zweite Ebene stolpert man in der Literatur über Theorien kollektiven Handelns, Spiel- und Regulierungstheorien, PR-Theorien, den Prinzipal-Agenten-, Ressourcen- oder Pfadabhängigkeitsansatz sowie einige weitere Theorienkomplexe. Weil der Fokus des Modells aber auf Inhalten und Akteuren liegt, stellen für die Fundierung der Inhaltsdimension das von der PR-Forschung getragene Issues-Management sowie die Politikfeldanalyse und für die Akteursdimension der aus der strategischen Managementforschung stammende Stakeholderansatz die ertragreichsten Unterbauten dar. Die drei Stränge werden im Folgenden kurz und kompakt dargestellt und die für das Netzwerkmodell relevanten Begriffe, Typologien und Attribute herausgearbeitet.

4.2 Die Inhaltsdimension: Corporate Public Affairs als Themenmanagement

4.2.1 Corporate Public Affairs als Issues Management

Als Konzept zur Beschreibung und Analyse des Themenmanagements von Unternehmen wurde Issues Management (IM) in den 1970er-Jahren vom amerikanischen PR-Experten Howard Chase eingeführt. Die frühen Arbeiten von Chase (1977) und anderen Autoren wie Igor Ansoff (1980) schufen in den USA einen neuen, zwischen der strategischen PR- und Managementforschung angesiedelten Forschungsstrang, dessen theoretische Beiträge unter anderem Issues-Typologien, Issues-Lebenszyklusmodelle, Responsestrategien sowie Prozess- und Organisationsmodelle umfassen. Im deutschsprachigen Raum hingegen scheint man sich des Feldes erst vor einigen Jahren angenommen zu haben. Beiträge und Umfang der Publikationen – einige Dissertationen (Schaufler, 1989; Lütgens, 1998; Ingenhoff, 2004) und Sammelbände (Röttger, 2001; Kuhn et al., 2003) – sind überschaubar und bleiben auf die PR-Forschung beschränkt. Die starke Unterentwicklung des Feldes liegt unter anderem daran, dass die Meinungen über den theoretischen Status des IM nach wie vor stark divergieren. Einige bezeichnen es als Konzept, wieder andere sprechen von Paradigma oder einem Themensteuerungsmodell. Amerikanische Autoren sind hier pragmatischer. Robert L. Heath resümiert: „Issues Management is an organisational philosophy. It is a set of strategies and an arsenal of tools" (2002, S. 214). Einig ist sich die Literatur lediglich dahingehend, dass sich seit etwa zwei Dekaden weder die internationale Forschung intensivierte, noch der starke Anglozentrismus aufgebrochen wurde, oder gar nennenswerte theoretisch-konzeptionelle Weiterentwicklungen stattfanden (Liebl, 1994; Lütgens, 2001; Röttger, 2001; Schmidt, 2001; Heath, 2002; Heugens, 2005; Lütgens & Schmidt, 2009). Nichts desto trotz können aus diesem Strang einige Begriffe, Konzepte und Typologien fruchtbar gemacht werden.

Der Issue(s)-Begriff beschreibt einen Teil des inhaltlichen Gegenstandsbereiches der CPA und könnte facettenreicher gar nicht sein. Nicht nur findet er keine klare Entsprechung in der deutschen Sprache (hier werden Thema, öffentliche Anliegen oder Streitfrage als Synonyme gehandelt), auch wird er oft mit Attributen wie Public, Social oder Political versehen und nur unzureichend zu Begriffen wie Trend, Ereignis/Event, Topic, Problem, Fact oder Concern abgegrenzt (Bigelow et al., 1993; Röttger, 2001; Merten, 2001; Herger, 2001; Arlt, 2001; Ingenhoff, 2004). Hans-Jürgen Arlt beschreibt das Dilemma wie folgt: „Nun ist zwar jedes Issues ein Thema, aber entsprechend der simplen Logik, dass nicht jeder Hund ein Dackel ist, ist nicht jedes Thema ein Issue" (2001, S. 125). Bei Issues (I.) handelt es sich demnach um einen spezifischen Thementypus, der folgende Kriterien zu erfüllen hat:

(1) *Problemattribution:* Voraussetzung für die Entstehung einer I. ist die Problemwahrnehmung und –zuschreibung von Relevanz zu Sachverhalten durch betroffene Akteure.

(2) *Organisationsbezug:* I. sind Themen, die tatsächlich oder potentiell Handlungsspielräume von Organisationen tangieren und auf diese Weise Handlungsdruck erzeugen.

(3) *Umweltursprung:* I. entstehen in der soziopolitischen (externen) oder internen Umwelt des Unternehmens; Gegenstand des IM sind jedoch in der Regel außerbetriebliche Themen.

(4) *Polarität/Ambivalenz:* I. sind Sachverhalte mit negativer (Risiko/Schaden) und/oder positiver (Chancen/Nutzen) Ladung und signifikanten Einfluss auf Organisationshandeln.

(5) *Öffentlicher Charakter:* I. sind Sachverhalte, die in einem öffentlichen, nicht jedoch zwangsweise medialen Diskurs auf überindividueller Ebene geprägt und gedeutet werden. Die Überschreitung der Privatsphäre und der öffentliche Diskurs konstituieren eine I.

(6) *Konflikt und Kontroverse:* I. gehen mit kontroversen Ansichten, Wertvorstellungen und Problemlösungsansätzen einher und sind damit mehr nur als der bloße Sachverhalt an sich. Sie sind ein Sozialkonstrukt, das entsteht, sobald innerhalb einer Gruppe über kritische Sachverhalte kommuniziert und diese kollektiv als Problem wahrgenommen werden.

(7) *Karriereweg:* Jede I. durchläuft spezifische Entwicklungsstadien, die von exogenen und endogenen Faktoren beeinflusst werden. I. sind ergo dynamisch und wandelbar.

(8) *Komplexität:* I. können aus einzelnen oder mehreren Sachverhalten bestehen.[4]

Der Karriereweg der I. beginnt als „weak signal" (Ansoff, 1980), also der Interpretation frühzeitig erkennbarer, informationsschwacher Anzeichen in der Organisationsumwelt. Ulrike Röttger erklärt: „Schwache Signale sind Indikatoren für konfliktäre Sachverhalte in der Organisationsumwelt, die eintreffen können oder auch nicht, und deren Auswirkungen sich ganz, teilweise oder gar nicht wie prognostiziert darstellen können" (Röttger, 2001, S. 20).

---

4 Herleitung der Kriterien aus folgenden Definitionen: Ansoff, 1980, S. 133; Nigh & Cochron, 1987, S. 6; Dutton & Ottensmeyer, 1987, S. 355; Mahon & Waddock, 1992, S. 20; Bigelow et al., 1993, S. 18; Wartwick & Mahon, 1994, S. 8; Röttger, 2001, S. 16 ff.; Bentele & Rutsch, 2001, S. 142 ff.; Lütgens, 1998, S. 62 f.; Schmidt, 2001, S. 161; Ingenhoff, 2004, S. 40 ff.; Jaques, 2004, S. 191 f.; Kretschmer & Wiebke, 2007, S. 89 f.

Anschließend wird eine Reihe weiterer Entwicklungsstadien durchlaufen, deren idealtypischer Verlauf mithilfe von diversen Lebenszyklusmodellen beschrieben wird (Post, 1978; Jones & Chase, 1979; Achleitner, 1985; Buchholz, 1988; Dyllick, 1990; Bigelow et al., 1991; Bigelow et al., 1993; Köcher & Birchmeier, 1992; Mahon & Waddock, 1992; Femers et al., 2007).

Empirische Ergebnisse belegen, dass bei CPA soziopolitische Themen mit Regulierungscharakter zumeist im Vordergrund stehen (siehe Kapitel 3). Diese Themen lassen sich als Arbeitsinhalte der Corporate Public Affairs anhand bestimmter Attribute näher charakterisieren, welche als Eigenschaftszuschreibungen durch die PA-Professionals wiederum die Relevanz der Themen bestimmen und deren Bearbeitungsverlauf beeinflussen. In der IM-Literatur werden folgende drei dieser Attribute vertieft behandelt:

1) *Impact* (syn. Auswirkung): Impact bezieht sich auf die Abstufung (z.B. low, medium, & high impact) der tatsächlichen oder potentiellen Auswirkungen eines Issue auf vordefinierte *Performancefaktoren* (z.B. Profitabilität, Marktanteile, Reputation, etc.). Nach Laufer lassen sich die vier Impactfaktoren (1) Reputation (Auswirkungen auf Wahrnehmung der Unternehmenswerte, des Unternehmensengagements und der –integrität seitens wichtiger Stakeholdergruppen), (2) Finance (Auswirkungen auf Finanzen und Profitabilität), (3) Regulation (Einschränkungen durch Blockaden des Marktzugangs, Bußgelder, Sanktionen oder Ordnungsstrafen) sowie (4) Legal (Auswirkungen auf Rechtsstreitigkeiten) unterscheiden (Laufer, 2006). Die positiven (Chance/Nutzen) oder negativen (Risiko/Schaden) Ladungen können dabei prinzipiell eine symmetrische (Gleichverteilung über das gesamte Unternehmen hinweg), oder asymmetrische (Ungleichverteilung, d.h. nur einzelne Bereiche betroffen) Wirkungsrichtung haben. Bei den Bezugsobjekten lassen sich wiederum tangible, d.h. quantifizierbare („specific identifiable, measurable gains and losses that accruce to actors" (Brewer, 1992, S. 300) – z.B. finanzielle Ressourcen) und intangible, d.h. nur schwer quantifizierbare Aktiva („the subtile and diffuse gains and losses for actors, such as a change in status in society or change in reputation" (Brewer, 1992, S. 300) – z.B. Vertrauen, Glaubwürdigkeit, Reputation und Image) unterscheiden. Operationalisiert man diese theoretischen Kategorien, lassen sich bspw. Impact-Matrizen (siehe

z.B. Buchholz, 1992, S. 501) anfertigen, die eine praktisch verwertbare Klassifizierung der Issues anhand der Dimension Impact ermöglichen.

Abbildung 13: *Beispielkriterien für den finanziellen Impact einer Issue.*

Das Issue-Attribut **Impact**		
High Impact	Medium Impact	Low Impact
Starker negativer Einfluss auf Marktanteile und Profitabilität; Hohe Kosten, die nicht absorbiert werden können, ohne nennenswerte Nachteile für das Unternehmen mit sich zu führen.	Mittlerer Einfluss auf Marktanteile und Profitabilität; Kosten haben einen potentiellen und/oder mittleren negativen Einfluss und können ohne größere Nachteile absorbiert werden.	Geringer Einfluss auf Marktanteile und Profitabilität; Minimale Kosten; Kein oder kaum Einfluss auf die Geschäftstätigkeit; Absorption ohne größere Nachteile ohne weiteres möglich.

2) *Urgency* (syn. Dringlichkeit): Urgency bezieht sich auf die Abstufung (z.B. low, medium, & high urgency) der tatsächlichen oder potentiellen Dringlichkeit einer Issue auf Basis ausgewählter *Dringlichkeitsfaktoren*. In Anlehnung an Laufer lassen sich hier beispielsweise die mediale Relevanz der Issue aufgrund bestimmter Nachrichtenfaktoren oder dessen strategische Relevanz aufgrund von Industrie- oder Branchentrends und Peergruppeneffekten (Interesse von oder Bearbeitung durch Wettbewerber) anführen und damit Issues anhand der Dimension Urgency klassifizieren (Laufer, 2006).

Abbildung 14: *Beispielkriterien für die Urgency einer Issue.*

Das Issue-Attribut **Urgency**		
High Urgency	Medium Urgency	Low Urgency
Starkes mediales Interesse und/oder Betroffenheit der Branche bzw. wichtiger Stakeholder; Hohe öffentliche Exponiertheit: Unternehmen im Mittelpunkt eines kritischen öffentlichen Diskurses	Moderates mediales Interesse und partielle Betroffenheit der Branche bzw. unternehmensrelevanter Stakeholder; Gewohnte, aber keine übermäßige Exponiertheit; Routinierter öffentlicher Diskurs	Geringes mediales Interesse; Keine Betroffenheit der Branche oder auch unternehmensrelevanter Stakeholder; Geringe öffentliche Exponiertheit; Kein kritischer öffentlicher Diskurs

3) *Scope* (syn. Umfang): Scope bezieht sich auf den Komplexitätsgrad des Themas und beschreibt anhand eines Kontinuums den Umfang und Entfaltungsbereich der Issues. So können sich Issues unter anderem auf einzelne Produktkomponenten, das Gesamtprodukt, den Produktionsprozess, die Teilbereiche des Unternehmens, das gesamte Unternehmen, oder auch auf dessen ökologisches, soziales und politisches Umfeld beziehen. Sie reichen ferner von einem singulären Sachverhalt bis hin zu einem komplexen thematischen Gebilde mit diversen Unterthemen unterschiedlichen Gewichts und Umfangs (Laufer, 2006).

Abbildung 15: Beispiele für den Scope einer Issue.

Das Issue-Attribut **Scope**		
Singuläre Issue	==================>	Komplexe Issue
Ein singuläres Thema, wie bspw. Emissionsregulierungen für Automobile, das sich nur auf einen einzigen Sachverhalt bezieht (Keine Ausdifferenzierung in Unter- bzw. Teilthemen)	Ein komplexes Themengebilde, dass aus mehreren Unterthemen besteht, wie bspw. ein transatlantisches Freihandelsabkommen, dass Standardisierung, Zölle, Einreisebestimmungen und andere Subthemen inkludiert	

Zusammenfassend lässt sich festhalten, dass es sich bei Issues um den Gegenstand und bei Issues Management (IM) um den Prozess der Gestaltung und Beeinflussung dieses Gegenstandes handelt, oder wie Cutlip und Kollegen erklären: „Issues Management is the proactive process of anticipating, identifying, evaluating and responding to public policy issues that affect organizations and their publics" (1994, S. 16). Als strategisches Instrument der Unternehmenskommunikation (Ramsey, 1993; Herger, 2001) und damit systematisches, institutionell verfestigtes, meist formalisiertes Themensteuerungsverfahren hat es innerhalb der Funktion die Aufgabe frühzeitig schwache Umweltsignale zu antizipieren, Issues zu identifizieren, sie zu beobachten, zu interpretieren und zu priorisieren und auf Basis der Evaluation ausgewählter Faktoren und Attribute effektive Responsestrategien zu formulieren, diese zu implementieren, zu koordinieren und kontrollieren, um so eine möglichst effektive Mitgestaltung des öffentlichen Themen- und Meinungsmarktes für Unternehmen zu erzielen.⁵ Dabei werden systematisch die Methoden des Issue Monitorings (Imhof & Eisenegger, 2001) und des Issue Scannings (Röttger, 2001) eingesetzt und Zuständigkeiten, Rollensets und Prozessschritte im Rahmen von ‚Strategic Issues Management Systemen' (SIMS) festgelegt (Jones & Chase, 1979; Ansoff, 1980; Nigh & Cochran, 1987; Dutton & Ottensmeyer, 1987; Bronn & Bronn, 2002; Palese & Crane, 2002; Ingenhoff, 2004; Oliver & Donelly, 2007). Die IM-Literatur reicht jedoch für sich genommen nicht aus, um den inhaltlichen Gegenstandsbereich der Public Affairs theoretisch zu beschreiben. Im Folgenden werden daher zusätzlich Begriffe, Typologien und Attribute aus der Politikfeldanalyse fruchtbar gemacht.

4.2.2 Corporate Public Affairs als Public Policy Analysis

Als stark anwendungsorientierter und methodenpluralistischer Forschungsstrang ist die Public Policy Analysis (PPA) (syn. Politikfeldanalyse) Anfang der 50er-Jahre als ‚policy study' in den USA begründet worden. In Deutschland hingegen begann man erst Anfang der 1980er die Forschung in diesem Feld zu intensivieren (Blum & Schubert, 2011, S. 16 ff.). Heute gilt die PPA als eines der wichtigsten Forschungsfelder der Politikwissenschaft, in das einige Lehrbücher (Schneider & Janning, 2006; Schubert & Bandelow, 2008; Howlett et al., 2009) und Herausgeberbände (Sabatier, 2007; Moran et al., 2008; Janning & Toens, 2007) einführen und zu dessen theoretischen Beiträgen beispielsweise Policy-Style und Lebenszyklusheuristiken, Programmtypologien und Konzepte wie Policy-Learning oder -Transfer zählen. PPA fungiert dabei als Omnibusbegriff für diejenigen „Analysen, die sich mit den Voraussetzungen, Inhalten und Folgen materieller Politiken beschäftigen" (Schubert, 2010c, S. 742), also die inhaltliche Dimension (Policy) des Politischen in den Blick nehmen. Dabei beschäftigt sich die politikwis-

---

5 Herleitung der Funktionen und Merkmale aus folgenden Publikationen: Arrington & Sawaya, 1984, S. 148; Littlejohn, 1986, S. 109; Hainsworth & Meng, 1988, S. 18; Wilson, 1990, S. 41; Heath, 1990, S. 39; Köcher & Birchmeier, 1992, S. 88; Wartwick & Mahon, 1994, S. 293; Lauzen, 1997, S 67; Liebl, 2000, S. 15; Lütgens., 2001, S. 86 f.; Windsor, 2001, S. 383; Röttger, 2001, S. 11 ff.; Merten, 2001, S. 42 ff.; Bentele & Rutsch, 2001, S. 146; Ingenhoff, 2004, S. 86; Bentele & Nothaft, 2010, S. 114 f.; McGrath et al., 2010, S. 345 ff.

senschaftliche Forschung traditionell mit drei Aspekten: der (1) konkreten inhaltlichen Ausgestaltung sowie den (2) Gründen, Voraussetzungen und Einflüssen materieller Politiken und den (3) Folgen und Wirkungen der selbigen (Werner, 2010).

Innerhalb der CPA-Funktion kann die Public Policy Analysis analog zum IM als systematisches Themenanalyse und -steuerungsverfahren betrachtet werden, dessen inhaltlicher Gegenstand Policies, also „die konkreten Fragen und Probleme, auf die mit politischen Programmen und Maßnahmen reagiert wird, aber auch die Resultate der politischen Aktivitäten in den jeweiligen Politikfeldern" (Blum & Schubert, 2011, S. 14) sind. Von Issues unterscheiden sich Policies dahingehend, dass sie einen weitaus geringeren Öffentlichkeitsgrad aufweisen und sich auf das Handeln staatlicher Akteure – deswegen das Attribut „Public" – beziehen. Issues sind demnach eher diffuse, stärker öffentlichkeitsorientierte und primär medienvermittelte Themen, wohingegen es sich bei Policies vielmehr um konkrete politisch-programmatische Inhalte handelt, die in der Regel rechtsverbindlichen Charakter haben und deshalb primär im legislativen und postlegislativen Raum behandelt werden. Entscheidend dabei ist, dass sich Issues durchaus zu Policies entwickeln können. Schließlich können Themen aus dem öffentlichen Diskurs vom politisch-administrativen System aufgegriffen und in konkrete Regulierungen transformiert werden. Auch wenn die Trennschärfe nicht ganz gegeben ist, so besteht der Mehrwert einer solchen Typologie dennoch ganz klar darin, dass die beiden von CPA adressierten Öffentlichkeitssphären mit den dazugehörigen Thementypen differenziert genug betrachtet werden. Schließlich werden mithilfe von CPA einerseits in einer exklusiven Fachöffentlichkeit, zu der nur Fachjournalisten, Verbandsvertreter, Lobbyisten und Akteure aus dem politisch-administrativen System Zugang haben, konkrete Politiken beeinflusst, anderseits aber eben auch in einer weniger exklusiven Öffentlichkeit pol. Meinungen geformt und auf medienvermittelte Risiko- und Potentialthemen Einfluss genommen.

Abbildung 16: Issues und Policies als Public-Affairs-Thementypen.

Thementypen der CPA	
Issues	(Public) **Policies**
- Prälegislative Phase - Rechtlich unverbindlich (Regulierungsvorhaben) - De natura öffentlich (primär in der allgemeinen Öffentlichkeit diskutiert) und medienvermittelt - Inhaltlich eher diffus - Bezugspunkt: Pol. Willensbildungsprozess - Entwicklungspotential: Können, müssen aber nicht zu (Public) Policies werden	- Legislative und postlegislative Phase - Rechtlich verbindlich (Regulierungsprogramm) - Primär in einer politischen Fachöffentlichkeit diskutiert und eher selten medienvermittelt - Inhaltlich eher konkret - Bezugspunkt: Pol. Entscheidungsprozess - Themen mit pol. Programmen und Maßnahmen - Primär auf Handeln staatlicher Akteure bezogen

Die Dynamik politischer Entscheidungsprozesse und Gestaltung der Policies im Rahmen des Policy-Making wird von einigen Phasenmodellen theoretisch beschrieben (Lasswell, 1956; Jones, 1970; Schubert, 1991; Jann & Wegrich, 2003; Schneider & Janning, 2006; Anderson, 2011). Diese Heuristiken sind jedoch zu abstrakt, um sie hier verwerten zu können. Einen besseren Anknüpfungspunkt liefert die Phasentypologie des Gesetzgebungsprozesses der beiden deutschen Staatsrechtswissenschaftler Walter Haller und Alfred Kölz. Sie unterscheidet in ihrem juristischen Lehrbuch die fünf Stadien (1) Initiative, (2) Gesetzesentwurf, (3) Hauptverfahren, (4) Vetooption sowie (5) Inkrafttreten und Publikation (2004, S. 255 ff.). Abstrahiert, generalisiert und stilisiert man deren Prozessheuristik, lassen sich grob drei Phasen unterscheiden, die eine jede Policy zu durchlaufen hat, wobei sich die Gestalt des Themas (Issues werden zu Policies) und das Spektrum der Akteure im Verlauf selbstredend wandeln. Man könnte diesbezüglich auch von einer Art Reifungsprozess der Themen sprechen.

Abbildung 17: Drei Phasen des Legislativprozesses.

Phasenmodell des Legislativprozesses			
Phase	Prälegislative Phase	Legislative Phase	Postlegislative Phase
	Allgemeinöffentliche Debatte, aus der ein pol. Programmentwurf hervorgeht (i.d.R. Gesetzes-vorlage), der durch die Regierung (i.d.R. über Ministerien im Kabinett) oder das Parlament (bspw. Fraktionen und Abgeordnete) als policy proposal in den parlamentarischen Raum getragen wird	Hauptverfahren im parlamentarischen Raum: Lesung, Ausschuss-beratung und Plenardebatte; Prägung des politischen Programmwurfes durch den externen Einflüssen (Lobbying) ausgesetzten parlamentarischen Prozess	Mit Verabschiedung des Gesetzes durch direktdemokratisch legitimierte Organe Beginn der Implementierung durch Ratifizierung durch Staats-oberhaupt (formelles Inkrafttreten) und pol.-administrative Umsetzung durch staatliche Organe (Ministerien, Behörden etc.)
Thema	Issues	Policies	
Akteure	Viele Akteure; breites Spektrum: z.B. Medien, Verbände, NGOs, Think Tanks, Stiftungen, Handelskammern …	Wenige Akteure; primär Betroffene: z.B. Verbände & Unternehmen …	

Aus einer steuerungstheoretischen Perspektive lassen sich außerdem Typus und Form der einer jeden Policy inhärenten Regulierung näher unterscheiden. In Anlehnung an Lowi (1964 & 1972) sowie Blum und Schubert (2011, S. 54–93) können folgende vier politische Programmformen nebst zugehöriger Instrumente und Steuerungsmedien unterschieden werden, die in der politischen Praxis durchaus auch kombiniert zum Einsatz kommen können:

(1) *Regulative Programme:* Hier setzt der Staat seine auf Durchsetzungsmacht beruhende Autorität ein und kontrolliert bzw. sanktioniert das Verhalten einzelner Akteure mithilfe von Geboten und Verboten. Dabei bilden sich Konstellationen von Gewinnern und Verlierern heraus, die für latente und/oder manifeste Konflikte innerhalb sowie zwischen gesellschaftlichen Gruppen sorgen können (harte Steuerungsform).

(2) *Distributive Programme:* Hier setzt der Staat individuell spürbare symbolische oder materielle Zuwendungen zur Steuerung ein. Unterschieden werden zwei Subtypen:

a. *Anreizprogramme*: Hier geht es um den Entzug oder die Darbietung von Anreizen (i.d.R. finanzieller Art, d.h. Subventionen) für Steuerungssubjekte.

b. *Leistungsprogramme*: Hier erbringt der Staat bestimmte Dienstleistungen selbst oder stellt den Steuerungssubjekten entsprechende Güter kostenfrei zur Verfügung.

(3) *Kommunikative und persuasive Programme:* Hier erbringt der Staat lediglich informationelle Leistungen, versucht zu überzeugen und zu beraten (weiche Steuerungsform).

Abbildung 18: Programmformen politischer Steuerung.

Programmformen politischer Steuerung			
Medium	Programm	Instrument	Beispiel
Macht	Regulative Programme	Erlass von Normen in Form von Geboten, Verboten	Emissionsregulierungen, Zulassungsverfahren KFZs
Geld	Distributive Programme	Materielle und Immaterielle Verteilungsleistungen	
	a) Anreizprogramme	Positive und/oder negative finanzielle Anreize (Subvention)	Steuernachlässe oder Zuschüsse bei Werksansiedlung
	b) Leistungsprogramme	Staatliche Bereitstellung von Gütern/ Dienstleistungen	Entgeltersatzleistungen (z.B. Kurzarbeitergeld)
Wissen	Kommunikative und persuasive Programme	Information, Überzeugung, Beratungsleistungen	Betreuung durch Außenhandelsagenturen wie GTAI

Bei den Typen politischer Regulierung lassen sich in Anlehnung an Jarren und Donges (2008) sowie Blum und Schubert (2011, S. 54–93) wiederum sechs Ausprägungen unterscheiden, wobei Regulierung (R.) (von lat. regulare, ordnen) einen auf Verhaltensbeeinflussung von korporativen Akteuren abzielenden Prozess der Setzung und Durchsetzung von Regeln sowie Sanktionierung von Regelverstößen zumeist durch staatliche Akteure bezeichnet und die tatsächlichen oder potentiellen Konsequenzen der Implementierung einer Policy miteinbeziehen:

(1) *Regulierung:* Prozess der Setzung und Durchsetzung verbindlicher Regeln, zumeist in staatlicher Form. Der Regulator (Staat) steuert dabei ein Regulierungssubjekt (MNU).
(2) *De-Regulierung:* Prozess der Aufhebung beziehungsweise des Abbaus von R.
(3) *Re-Regulierung:* Prozess der Substitution eines Regelwerkes durch ein anderes; meist die praktische Konsequenz der Deregulierung (kein Abbau, sondern Umformung der R.)
(4) *Selbstregulierung:* Prozess der Setzung und Durchsetzung bindender Regeln durch private Akteure. Die semiautonome Gestaltung der R. durch Regulierungssubjekte zieht Schwächen bei Verbindlichkeit und Durchsetzung des Regelwerkes nach sich.
(5) *Ko-Regulierung* (syn. regulierte Selbstregulierung): Prozess der Setzung eines Regelwerkes durch private und staatliche Akteure. Otfried Jarren und Patrick Donges sprechen von „Arrangements, in denen die Formulierung, Aufstellung und Durchsetzung von Regeln durch private Akteure für den eigenen Sektor in Zusammenhang mit staatlichen Akteuren oder in deren Auftrag vorgenommen werden" (2008, S. 341). Meist wird das Regelwerk kooperativ ausgearbeitet, die Durchsetzung obliegt jedoch oft staatlichen Institutionen.
(6) *Fremdregulierung:* Prozess der Setzung von Regeln durch staatliche Organe ohne Mitgestaltung durch Regulierungssubjekte und damit quasi der Regelfall der R.

Abbildung 19: Typologie politischer Regulierung.

Typologie politischer Regulierung			
Verbindlichkeitsgrad & Wirkungsrichtung	▪ Regulierung ▪ De-Regulierung ▪ Re-Regulierung	Einbindung der Regulierungssubjekte	▪ Selbstregulierung ▪ Ko-Regulierung ▪ Fremdregulierung

Alles in allem ergeben sich damit unter Einbezug der Kategorien aus Punkt 2.4 für das CPA-Netzwerkmodell zwei Thementypen (Issues und Policies) mit jeweils spezifischen Attributen, deren mögliche Ausprägungen sich mithilfe des Issues Managements und der Public Policy Analysis theoretisch fundieren lassen:

Abbildung 20: CPA Thementypen und Themenattribute.

Themenportfolio der Corporate Public Affairs		
Thementypus	Issues	Policies
Themenattribute	• Policy Level (syn. Politische Handlungsebene) • Policy Arena (syn. Politikfeld)	
	• Impact (syn. Auswirkung)	• Reifegrad (Stand im Legislativprozess)
	• Urgeny (syn. Dringlichkeit) • Scope (syn. Umfang)	• Programmform • Regulierungstypus

4.3 Die Akteursdimension: Corporate Public Affairs als Stakeholdermanagement

Wohingegen Policies und Issues den inhaltlichen Gegenstandsbereich beschreiben, lässt sich der Stakeholderansatz als theoretisch-konzeptioneller Rahmen für die Akteursdimension verwerten. Er geht zurück auf Arbeiten am Stanford Research Institute und Edward R. Freemans berühmtes Standardwerk ‚Strategic Management. A Stakeholder Approach' (1984). Freeman und Kollegen haben ihn Anfang der 80er-Jahre als Alternative zur der auf der neoklassischen Wirtschaftstheorie basierenden kapitalmarkt- und eigentümerorientierten Unternehmensführung entwickelt. Unternehmen werden hier nicht mehr nur als bloße Wertschöpfungseinheiten begriffen, sondern als komplexe Interaktionsgeflechte, die in soziale Kontexte eingebettet sind und deshalb nicht mehr autonom und rein marktorientiert agieren können, sondern ihren Erfolg durch Berücksichtigung der Ansprüche einer Vielzahl an Gruppen absichern müssen (Freeman, 1984; Freeman, 2004; Hansen et al., 2004). Der Stakeholderansatz ergänzt und erweitert damit den auf Maximierung des Ertrags- und Marktwertes ausgerichteten Shareholder-Value-Ansatz um den Gedanken, dass neben Stock- und Shareholdern unter anderem aufgrund gesetzlicher Vorgaben, unternehmerischem Verantwortungsbewusstsein, Wettbewerbsdynamik und Wirtschaftsethik weitere Gruppen aus der Unternehmensumwelt in die betriebliche Entscheidungsfindung miteinbezogen werden (Speckbacher, 1997; Kürsten, 2000). Dabei streitet sich die Fachliteratur darüber, ob nun von Konzept (Fassin, 2009), Modell (Donaldson & Preston, 1995), Theorie, Paradigma (Stonley & Winstanley, 2001; Philips et al. 2003; Laplume et al., 2008; Freeman et al., 2010) oder Philosophie (es fallen Begriffe wie ‚Stakeholder-Thinking' (Näsi,

1995), ‚Stakeholderism' (Askew, 1998) und ‚Stakeholding' (Clarke, 1997)) die Rede sein sollte. Fest jedoch steht, dass mit dem Ansatz eine spezifische Vorstellung von ethisch verantwortenden und anspruchsgruppenorientiertem Wirtschaften verknüpft ist, diverse Querverbindungen zu unterschiedlichsten Theoriengebäuden verschiedenster akademischer Disziplinen nutzbar gemacht werden können und sich der Stakeholderbegriff (S.) inzwischen auch in den Kommunikations- und Politikwissenschaften als Akteurskonzept etabliert hat (Scholes & James, 1997; Ihlen & Berntzen, 2007; De Bussy & Ewing, 2007). Innerhalb des Ansatzes wiederum können eine (1) deskriptive (S. als Beschreibung des Unternehmens als Geflecht komplementärer und konfligierender Interessen), eine (2) instrumentelle (S. als Bindeglied zwischen der Praxis des Stakeholdermanagements und dem Erreichen diverser Performanceziele – i.d.R. Ceteris-Paribus-Aussagen), eine (3) normative (S. als Versuch ein Unternehmen aus metaökonomischer Sicht anhand moralischer, ethischer und philosophischer Prinzipien zu beschreiben) sowie eine (4) betriebliche (S. als Ansatz, der Strukturen und Handlungen analysiert, um praktische Handlungsempfehlungen für den Umgang mit Anspruchsgruppen zu formulieren) Perspektive unterschieden werden (Donaldson & Preston, 1995; Carroll & Buchholz, 1996; Carroll, 2005; Freeman et al., 2010).

Der schillernde Begriff des Stakeholders (S.) (syn. Anspruchs- oder Bezugsgruppe) ist durch die breite Anwendung zu einem geflügelten Wort geworden und könnte diffuser kaum sein. Freemans Originaldefinition nach handelt es sich um „any group or individual who can affect or is affected by, the achievement of the organizations objectives" (1984, S. 46). Andere Autoren werden im Definiens konkreter und sprechen beispielsweise von „individuals or groups that have material, political, affiliated, informational, symbolic or spiritual interests in a company and that are able to advocate these interests through formal, economic, or political power" (Holtbrügge et al., 2007, S. 49). Folgt man der gängigen Mehrheitsmeinung in der Literatur lassen sich einige Minimalkriterien und Merkmale wie folgt herleiten:

(1) *Einfluss auf Organisationshandeln:* Zu Stakeholdern werden Gruppen aus der Unternehmensumwelt erst, wenn sie ein legitimes Interesse an der Unternehmenstätigkeit und einen tatsächlichen oder potentiellen, direkten oder indirekten, positiven oder negativen Einfluss auf Erfolg oder Überleben des Betriebes haben, also dazu in der Lage sind, die von

ihnen artikulierten Interessen auch durchzusetzen und ihre Ansprüche einzufordern.

(2) *Stake:* Dem Interesse folgt ein expliziter oder impliziter Anspruch (syn. stake oder claim), der auf vertraglich oder nicht-vertraglich fixierten bzw. erwarteten Leistungen beruht und eine tatsächliche oder potentielle Forderung gegenüber dem Unternehmen beinhaltet. Archie B. Carroll erklärt hierzu ausführlicher:

„a stake is an interest in or a share in an undertaking. A stake is also a claim. A claim is an assertion to a right to something. A claim is a demand for something due or believed to be due, or owed. The idea of a stake, therefore can range from simply and interest in an undertaking at one extreme to legal claims of ownership at the other extremes. In between these two extremes are other claims to a right to something." (2005, S. 503).

(3) *Direkte Austauschbeziehungen:* Stakeholder stellen materielle (z.B. Staat: Subventionen) oder immaterielle Ressourcen (z.B. Gewerkschaften: Legitimation) Ressourcen zur Verfügung und unterstützen damit das Unternehmen. Sie erhalten dafür Gegenleistungen in unterschiedlichsten Formen (Geld, Güter, Dienstleistungen, Information etc.). Basis des Tausches sind Kommunikationsbeziehungen zwischen Unternehmen und Stakeholdern, deren Existenz ihrerseits wiederum wechselseitiges Vertrauen voraussetzt.

(4) *Abhängigkeiten:* Durch die Nachfrage nach Tauschgütern entstehen reale oder von den Beteiligten als solche empfundene Abhängigkeiten, die entweder einseitig (Dependenz: Unternehmen abhängig von Stakeholdern), oder beidseitig (Interdependenz) sein können.

(5) *Festbetragsbeteiligung:* im Unterschied zu Shareholdern tragen Stakeholder in der Regel kein unternehmerisches Risiko und erhalten gewinnunabhängige Zahlungen (Die Ausnahme sind erfolgsabhängige Lohnzahlungen an interne S.).

(6) *Juristische oder natürliche Personen:* S. sind natürliche oder juristische Personen (korporative Akteure), jedoch streng genommen keine Flora und Fauna (natürliche Umwelt).[6]

---

6 Herleitung aus folgenden Definitionen: Freeman, 1984, S. 46; Nutt & Backoff, 1992, S. 439; Caroll, 1996, S. 74; Scholes & James, 1997, S. 277; Mitchell et al.,

Die Vorstufe des Stakeholders ist der Stakeseeker, ein externer Beobachter, der für sich in Anspruch nimmt, einen ‚stake' zu haben, sich also selbst als Stakeholder deklariert, jedoch erst durch die Zuschreibung seitens des Unternehmens zum Stakeholder wird (Holzer, 2008). In der Literatur finden sich unzählige Versuche Stakeholder anhand bestimmter Merkmale und Kriterien zu gruppieren.[7] Diese Klassifikationssysteme sind jedoch entweder zu abstrakt, oder zu stark auf externe Anspruchsgruppen fokussiert, weshalb an dieser Stelle in Anlehnung an die Typologien von Berg (2003) und Greven (2009) sowie das Vier-Arenen-Modell der Anspruchsgruppenkommunikation von Dyllick und Meyer (2002) ein neues zweidimensionales Raster mit Beispielen vorgestellt werden soll. Demnach lassen sich die Stakeholder der Corporate Public Affairs anhand der beiden Primärdimensionen Extern (Außenkommunikation) und Intern (Binnenkommunikation) in zwei Globalkategorien untergliedern. Innerhalb einer solchen funktionalen Ordnung wiederum lassen sich dann theoretisch auf Basis des Abhängigkeitsverhältnisses und vordefinierter Kriterien Anspruchsgruppen nach ihrer Priorität (z.B. in einem dreistufigen Raster: primär, sekundär, tertiär) oder auch der Zugehörigkeit zu einer politischen Ebene oder einem Politikfeld (nur externe S.) unterdifferenzieren.

1997, S. 855 ff.; Eden & Ackerman, 1998, S. 117; Clarkson, 1998, S. 2; Johnson & Scholes, 2002, S. 206; Bryson, 2004, S. 22 f.; Würz, 2012, S. 43 ff.
7 Typologisiert werden unter anderem swing, defensive, offensive und hold Stakeholders (Freeman, 1984); Strategic und moral S. (Goodpastor, 1991); contractual und community S. (Charkham, 1992); supportive, marginal, non-supportive and mixed-blessing S. (Savage et al., 1991); Voluntary und involuntary S. (Clarkson, 1995); Core, strategic and environmental S. (Clarkson, 1998); Social und nonsocial S. (Wheeler & Silanpaa, 1997); Economic, technical und political S. (Cummings & Doh, 2000); Normative, derivate and non-S. (Philips et al., 2003); Stakekeeper, Stakeholder, & Stakewatcher (Fassin, 2009).

Abbildung 21: Typologie der Stakeholder der Corporate Public Affairs.

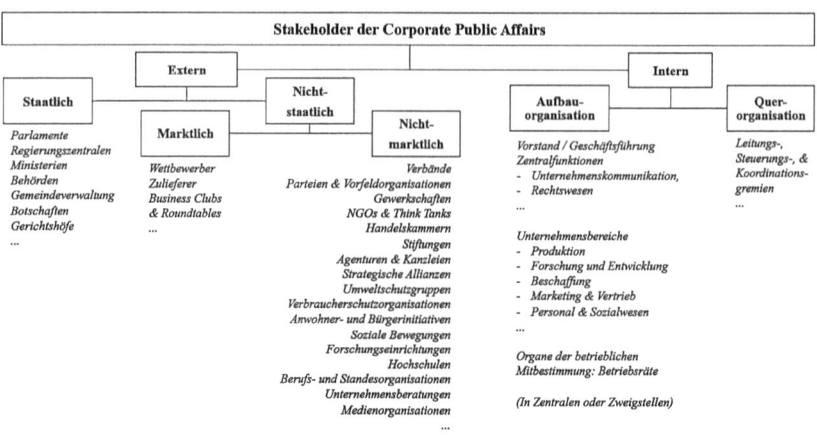

Interne Stakeholder sind Organisationseinheiten, die sich in der Innenwelt der MNU befinden, also formal dem Unternehmen angehören und finanziell wie organisatorisch an selbiges rechtlich angebunden sind. Geht man von matrixförmigen Organisationsprinzipien aus, kann dabei die linearhierarchische Aufbauorganisation von quer gelagerten Organisationsstrukturen (Querorganisation) unterschieden werden. So sind einerseits aus einer rein linear-hierarchischen Perspektive heraus beispielsweise der Vorstand, diverse Zentralfunktionen, einige Fachabteilungen sowie die Organe der betrieblichen Mitbestimmung zentrale Anspruchsgruppen, anderseits aber auch zwischen Bereichen und Hierarchiestufen angesiedelte Steuerungs- und Leitungskreise wichtige interne Interaktionspartner.[8]

---

8 Die kleinste betriebliche Handlungseinheit ist die Stelle (exekutive Ebene). Sie beschreibt den Aufgabenbereich einer Person. Die nächstgrößere Einheit ist die Abteilung. Sie ist die Summe von Stellen und damit die der Stelle übergeordnete Organisationseinheit (operative Ebene). Die nächsthöhere Einheit ist der Bereich. Er umfasst mehrere Abteilungen (taktische Ebene) und ist in der Regel direkt an die Unternehmensleitung angebunden, in der ein Vorstand/Geschäftsführer procura einen oder mehrere Bereiche vertritt und verantwortet (strategische Ebene). Zwischen und innerhalb dieser Organisationsstufen wiederum operieren in der Regel diverse Gremien jeweils auf Arbeits- und auf Leitungsebene. Sie fungieren Steuerungs- und Koordinationskreise für Entscheider.

Externe (soziopolitische) Stakeholder sind Organisationseinheiten, die sich in der Außenwelt der MNUs befinden, also weder eine formale Zugehörigkeit noch rechtliche Anbindung an das Unternehmen aufweisen. Dabei können grob staatliche von nicht-staatlichen S. unterschieden werden. Staatliche S. finden sich in der Trias der Staatsgewalten (Legislative, Exekutive, Judikative) wieder, sind i.d.R. demokratisch legitimiert, oft primärrechtlich als Institutionen verankert und können im Unterschied zu nicht-staatlichen S. rechtsverbindlich Einfluss auf die Operationen einer MNU nehmen (Stichwort: ‚Primat der Politik'). Nichtstaatliche Anspruchsgruppen hingegen können lediglich indirekt an der Herstellung kollektiv verbindlicher Entscheidungen mitwirken. Innerhalb des nicht-staatlichen Spektrums können wiederum marktliche von nicht-marktlichen S. unterschieden werden, wobei marktliche primär über ökonomische (direkte Transaktionsbeziehungen auf Güter- oder Faktormärkten) und nicht-marktliche S. über politische Austauschprozesse (direkte oder indirekte Behinderung oder Beförderung ökonomischer Transaktionen) mit dem MNU verbunden sind.

Analog zu den Inhalten lassen sich auch Stakeholder anhand bestimmter Attribute näher charakterisieren. Eine gute theoretische Basis hierfür liefert die Theory of Stakeholder Identifikation and Salience (TSIS) von Ronald Mitchell und Kollegen (1997). Die drei Amerikaner verstehen Attribute als sozial konstruierte und variable Eigenschaftszuschreibungen durch Unternehmen und unterscheiden in ihrem Aufsatz drei Stakeholderattribute wie folgt:

(1) *Power* (syn. Macht): Unter Rückgriff auf die Definitionen von Max Weber, Robert Dahl und Amitai Etzioni wird unter Macht (M.) die Fähigkeit eines Akteurs verstanden, andere Akteure dazu zu bewegen etwas zu tun, dass sie unter anderen Umständen nicht getan hätten, also im Weberschen Sinne jede Chance innerhalb einer sozialen Beziehung seinen eigenen Willen auch gegen Widerstand durchzusetzen. Sie unterscheiden drei Formen:
   a. *Coervice Power* (force/threat): M. basierend auf Androhung und Anwendung physischer Kräfte, Gewalt oder Zwang; z.B. Fähigkeit zur Protestdemonstration.
   b. *Utalitarian Power* (material incentives): M. basierend auf Darbietung und Entzug materieller Ressourcen (Gütern & Dienstleistungen); z.B. Fähigkeit zur Subvention.

c. *Normative Power* (symbolic influences): M. basierend auf Entzug oder Darbietung symbolischer, d.h. immaterieller Ressourcen; z.B. Akzeptanz einer Geschäftspraxis.

Mitchell und Kollegen betonen ausdrücklich, dass Macht keine statische, sondern dynamische Eigenschaft ist, die sich durch die Wahrnehmung des Gegenübers und nicht den tatsächlichen Besitz konstituiert. Sie ist überdies transitorisch, kann also erworben, aber eben auch verloren werden und verlangt nicht automatisch eine Anwendung, sondern kann bereits durch Androhung wirken. Ihre möglichen Ausprägungen können ferner abgestuft in einem Kontinuum (high, medium & low power) abgebildet werden.

(2) *Legitimacy* (syn. Legitimität): in Anlehnung an Mark Suchmann definieren die Autoren Legitimität als „generalized perception or assumption that the actions of an entity are desirable, proper, or appropriate within some socially constructed systems of norms, values, beliefs and definitions" (1995, S. 574). Legitimität kann dabei sowohl von Individuen als auch von Organisationen, oder ganzen Gesellschaften zugeschrieben werden und lässt sich in seinen Ausprägungen ebenso in einem Kontinuum (high, medium, low) abbilden.

(3) *Urgency* (syn. Dringlichkeit): Unter Rückgriff auf ein Wörterbuch definieren die Autoren Urgency anhand der Begriffe ‚compelling' (zwingend), ‚driving' (antreibend), ‚pressing' (Druck machend), und ‚imperative' (dringend notwendig) und beziehen sich damit sowohl auf die temporale Sensitivität (‚time-sensitivity': Grad der Akzeptanz von Verzögerungen bei der Befriedigung der Ansprüche), als auch auf die Kritikalität (‚criticality': Wichtigkeit des Anspruches für einen Stakeholder) der Ansprüche (‚stakes') der Stakeholder.

Abbildung 22: Stakeholderattribute nach Mitchell et al. (1997).

Attribut	Originaldefinitionen	Basis
Power	„the probability that one actor within a social relationship would be in a position to carry out his own will despite resistance" (Weber, 1947) „a relationship among social actors in which one social actor, A, can get another social actor, B, to do something that B would not otherwise have done" (Dahl, 1981, S. 3) „the ability of those who possess power to bring about the outcomes they desire" (Salancik & Pfeffer, 1974, S. 3)	• Coercive • Utalitarian • Normative
Legitimacy	„a generalized perception or assumption that the actions of an entity are desirable, proper, or appropriate within some socially constructed system of norms, values, beliefs and definitions" (Suchmann, 1995, S. 574)	• Individual • Organizational • Societal
Urgency	„the degree to which stakeholder claims call for immediate attention" (Mitchell et al., 1997, S. 867)	• Time-sensitivity • Criticality

Auf Basis jener drei Attribute erarbeiten die Autoren eine Typologie mit drei Gruppen und sieben Typen, die sie von Nicht-Stakeholdern (8. Typ) wie folgt abgrenzen:

a) **Gruppe 1:** **Latent (latente) Stakeholder (S.):** S. mit jeweils nur einem Attribut.

   (1) *Dormant S.:* Verfügen über Macht, aber keine Legitimität oder Dringlichkeit. Zwar sind sie im Bewusstsein des Managements, ein Austausch findet allerdings kaum statt.

   (2) *Discretionary S.:* Verfügen über Legitimität, aber keine Macht und Dringlichkeit. Für das Management besteht kein Anlass, sich mit diesen Gruppen auseinanderzusetzen.

   (3) *Demanding S.:* Verfügen nur über Dringlichkeit. Mitchell und Kollegen erklären: „[they] are the ‚mosquitos buzzing in the ears' of managers: Irksome, but not dangerous, bothersome but not warranting more than passing management attention, if any at all" (S. 875)

b) **Gruppe 2: Expectant (erwartende) S.:** S. mit zwei Attributen und Potential für ein drittes Attribut. Sie werden expectant genannt, weil sie etwas vom Unternehmen erwarten.

(4) *Expectant S.:* Verfügen über Macht und Legitimität. Damit ist ihnen Einfluss und Aufmerksamkeit gewiss. Mitchell und Kollegen erklären ausführlicher:

„*Dominant stakeholders, in fact, are those stakeholders that so many scholars are trying to establish as the only stakeholders of the firm. In our typology dominant stakeholders expect and receive much of manager's attention, but they are by no means the full set of stakeholders to whom managers should or do relate*" (S. 877)

(5) *Dominant S.:* Verfügen über Legitimität und Dringlichkeit, hängen aber von der Macht anderer ab, um die eigenen Forderungen durchzusetzen und sind deshalb eher peripher.

(6) *Dangerous S.:* Verfügen über Macht und Dringlichkeit und können damit zu einer Gefahr für das Unternehmen werden, sofern sie nicht frühzeitig identifiziert werden. Ihr Verhalten sollte vom Management kontinuierlich beobachtet und analysiert werden.

c) **Gruppe 3: Definitive Stakeholder:** S. mit allen drei Attributen.

(7) *Definitive S.:* Verfügen über Macht, Dringlichkeit und Legitimität und sind deshalb ergo auch die wichtigsten direkten Interaktionspartner des Unternehmens.

Abbildung 23: Stakeholdertypen nach Mitchell et al. (1997).

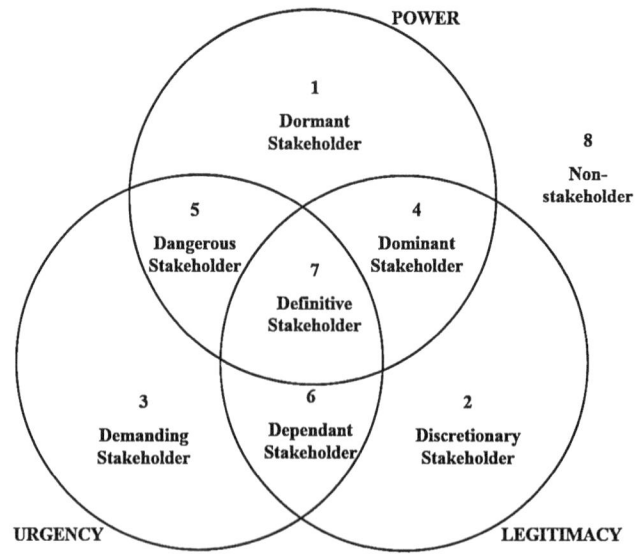

Alles in allem ergeben sich damit unter Einbezug der Kategorien aus Punkt 2.4 für das Netzwerkmodell zwei Stakeholdertypen sowie drei Attribute für externe Stakeholder, die sich mithilfe der TSIS von Mitchell und Kollegen theoretisch fundieren lassen.

Abbildung 24: CPA Stakeholdertypen und Stakeholderattribute.

Stakeholder der Corporate Public Affairs		
Stakeholdertypus	Externe Stakeholder	Interne Stakeholder
Stakeholderattribute	▪ Policy Level (syn. Pol. Handlungsebene) ▪ Policy Arena (syn. Politikfeld) ▪ Power (syn. Macht) ▪ Legitimacy (syn. Legitimität) ▪ Urgency (syn. Dringlichkeit)	Ein Klassifikationssystem mit Attributen für interne Stakeholder existiert in der einschlägigen Literatur bisher noch nicht.

4.4 Corporate Public Affairs als themenzentriertes Stakeholdermanagement

Als Verfahren der proaktiven Gestaltung der Interaktionsbeziehungen mit Anspruchsgruppen hat das Stakeholdermanagement innerhalb der CPA die Aufgabe Stakeseeker und Stakeholder rechtzeitig zu identifizieren und den Umgang und Austausch mit diesen Gruppen zu organisieren (Mono et al., 2011). Stakeholder-Management, Issue Management und Policy-Management sind jedoch nicht unabhängig voneinander, sondern instrumentell interdependent. Schließlich führt das inhaltliche Gestaltungsinteresse der Unternehmensführung zur Herausbildung je spezifischer themenzentrierter Stakeholderkonstellationen, aus denen dann wiederum Issues und Policies hervorgehen können. Es ist also analytisch konsequent und inhaltlich notwendig, beide Dimensionen zusammenhängend zu betrachten. In deskriptiver Hinsicht liefern diesbezüglich die Techniken des Stakeholder-Mappings interessante Visualisierungsmöglichkeiten (z.B. Stakeholder-Issue-Interrelationship-Diagramme (Bryson, 2004) oder Integrated Stakeholder-Analysis-Maps (Eden & Ackermann, 1998)). Die bloße Darstellung von Corporate Public Affairs als linearem themenzentrierten Stakeholdermanagement (in Abb. 26 am fiktiven Beispiel von Automotive-Themen in Deutschland) ist für sich genommen jedoch wenig ertragreich. Erst in Kombination mit dem Strukturmodell Netzwerk und Verfahren der Netzwerkanalyse kann sich das volle analytische Potential der Forschungsheuristik entfalten. In Kapitel 5 wird deshalb der letzte Schritt auf dem Weg zur Modellkonstruktion gegangen und das theoretisch-methodische Portfolio des Netzwerkansatzes erschlossen.

Abbildung 25: CPA als themenzentriertes Stakeholdermanagement.

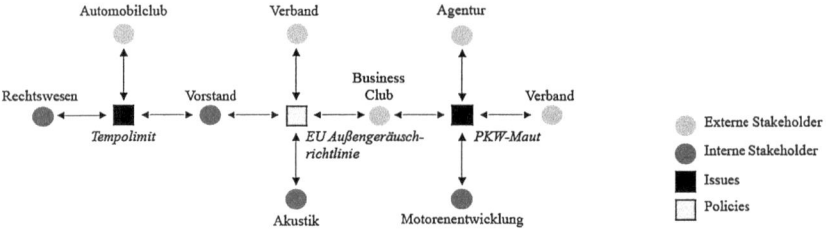

5 Public Affairs als Politisches Kommunikationsnetzwerk

Im letzten Schritt wird nun das themenzentrierte Stakeholderinteraktionsmodell mit dem Netzwerkansatz angereichert. Zunächst werden dabei zentrale Begriffe geklärt und ein sehr allgemeiner Zugang zu Netzwerken und Netzwerkanalysen formuliert. Darauf folgt ein kompakter Überblick zur epistemologischen Basis des Modells und ein theoretischer Abgleich des CPA-Netzwerkes mit gegenstandsnahen Konzeptionen. Anschließend werden zentrale Charakteristika des Modells vorgestellt, die Relationen zwischen den Elementen theoretisch fundiert und zum Schluss noch einmal kompakt alle Komponenten überblicksartig dargestellt.

5.1 Corporate Public Affairs, Netzwerke und Netzwerkanalyse

Formal betrachtet bestehen Netzwerke aus einer abgegrenzten Menge von Elementen (Knoten), die über Relationen (Kanten) miteinander verbunden sind. In den Sozialwissenschaften werden diese Knoten inhaltlich als Akteure und Kanten als Interaktionen (soziale Beziehungen) zwischen diesen Akteuren konzipiert und interpretiert. Die durch Interaktion als Summe der Relationen zwischen den Akteuren entstehenden Beziehungsmuster bilden dann das Strukturmodell ‚Netzwerk', dessen Charakteristika sich mithilfe des methodischen Instrumentariums der Netzwerkanalyse untersuchen und visualisieren lassen. Die Netzwerkanalyse ist allerdings weit mehr als nur Methode, sondern ein „methodisch orientierter, theorieunspezifischer analytischer Ansatz, der – je nach Gegenstand und Fragestellung – ganz unterschiedliche Theorien integriert" (Schneider, 2009, S. 11). Alexandra Marin und Barry Wellman behaupten ferner: „network analysis is neither a theory nor a methodology. Rather, it is a perspective or a paradigm. It takes as it's starting point the premise, that social life is created primarily and most importantly by relations and the patterns they form" (2011, S. 22).

Im Unterschied zu klassischen sozialwissenschaftlichen Ansätzen geht das Netzwerkparadigma davon aus, dass soziale Entitäten nicht isoliert betrachtet und nur individuelle Merkmale analysiert werden dürfen, sondern die

Einbettung der Entitäten in soziale Strukturen, d.h. die Interaktionsmuster zwischen den Entitäten als überindividuelle Merkmale für die Bestimmung und Erklärung von Verhalten maßgeblich sind. Die Welt der Netzwerkanalyse besteht demnach aus der Deskription und Analyse von Mustern sozial konstruierter Verbindungen und der Exploration der diesen relationalen Strukturen innewohnenden Mechanismen der Einflussnahme auf Handlungen, Kognitionen oder Emotionen. Zwar erscheinen Netzwerke visuell oft als statische Gebilde, der Ansatz selbst betont jedoch ausdrücklich die Dynamik und Wandlungsfähigkeit sozialer Interaktion (Wellman & Berkowitz, 1988; Jansen, 2006; Knoke & Yang, 2008; Holzer, 2010). Im Gegensatz zu klassischen sozialwissenschaftlichen Verfahren kennt die Netzwerkanalyse ergo mehr als nur eine Merkmalsart. Es lassen sich individuelle von relationalen (überindividuellen) Attributen wie folgt unterscheiden:

Abbildung 26: Attribute im Netzwerkmodell.

Typus	Merkmale	Repräsentation	Im CPA-Modell
a) Individualattribute	„[Nodes are] properties, qualities or characteristics, which belong to them [actors] as individuals or groups" (Rowley et al., 1997, S. 894)	Knoten (syn. Node, Element, Einheit, Akteur) Visuell: **Kreis/ Punkt**	Handlungssubjekte (Akteure: Stakeholder) & Gelegenheiten (Inhalte: Issues & Policies)
b) Relationalattribute	„A relation is not an attribute of one actor, but is a joint dyadic property that exists only so long as both actors maintain their association" (Knoke & Yang, 2008, S. 7)	Kanten (syn. Tie, Relation, Verbindung, Beziehung) Visuell: **(Pfeil) Linien** zwischen Kreisen/ Punkten	Relationen zwischen Handlungssubjekten und -gelegenheiten (Themenzentrierte Stakeholderinteraktion)

Die kleinste relationale Einheit ist die Dyade[9], eine Zweierbeziehung zwischen zwei sozialen Entitäten (A und B), die sich hinsichtlich ihrer Typizität,

---

9   Die übergeordnete Einheit ist die Triade, eine Dreiecksbeziehung, in der es drei Akteure gibt, die jeweils zu zwei anderen Beziehungen haben könnten (sechs mögliche Relationen). Inhaltlich beschränkt sich der Stakeholderbegriff in dieser

Direktionalität und Stärke näher beschreiben lässt (Knoke & Yang, 2008; Avenarius, 2010).[10] Direktionalität bezieht sich auf die Richtung der Verbindung, wobei man (a) reziproke (bidirektional: wechselseitige Verbindung von A und B) von (b) nicht-reziproken Relationen (unidirektional: von A nach B oder B nach A) unterscheiden kann. Stärke (teils auch Gewichtung genannt) bezieht sich auf die Präsenz bzw. Stärke dieser Verbindung, wobei man (a) binäre (Indizieren Präsenz oder Absenz; meist mit 0 oder 1 kodiert) von (b) nicht-binären (gewichteten) Relationen (Indizieren eine Form von Stärke; beliebige Werte) unterscheidet. Typizität wiederum bezieht sich auf Art und Inhalt der Relation zwischen den Elementen.

Abbildung 27: Relationsdimensionen im Netzwerkmodell.

Relationsdimensionen		Im CPA-Modell
Typizität	Art und Inhalt der Relation	Kanal des Informationsaustausches und Art der getauschten Information
Direktionalität	Richtung der Interaktion	Richtung des Informationsaustausches
Stärke	Intensität/Frequenz der Interaktion	Häufigkeit des Informationsaustausches

Theoretisch können Relationen jeder Form und Art potentieller, realer oder kognitiver Sozialbeziehung entsprechen (z.B. Freundschaft, Mitgliedschaft etc.) (Borgatti et al., 2009), die sich theoretisch sowohl auf Mikro- (Interaktionen singulärer Akteure), als auch Meso- (Interaktionen zwischen Gruppen) und Makroebene (Interaktionen zwischen größeren Kollektiven) in relationaler (Analyse direkter oder indirekter Verbundenheit) oder auch positionaler, d.h. struktureller Hinsicht (Suche nach Strukturmustern, z.B. anhand des Kriteriums der strukturellen Äquivalenz mittels Blockmodellanalysen) beschreiben und untersuchen lassen (Jansen, 2006). Dieser Arbeit liegt jedoch

---

Arbeit jedoch auf dyadische Interaktionen, weshalb Triaden nicht näher behandelt werden.

10 Nicht verbundene Knoten (also Akteure ohne Beziehungspartner) werden als Isolierte (Isolates) bezeichnet. Sie entsprechen im CPA-Netzwerkmodell den Stakeseekern (siehe Kapitel 4) und sind potentielle Interaktionspartner, zu denen noch keine Beziehung unterhalten, deren Verhalten jedoch beobachtet und analysiert wird.

die Vorstellung von Relationen als informationellen Austauschbeziehungen zwischen organisationalen Handlungseinheiten zugrunde (Meso-Ebene). Wohingegen die Netzwerkanalyse in den Politik- und Wirtschaftswissenschaften zu einem etablierten und weit verbreiteten Instrumentarium zählt[11], fristet sie in den Kommunikationswissenschaften ein Schattendasein (Ziegler, 2010; Weyer, 2011). Netzwerkanalytische Beiträge finden sich hier eher selten und bleiben in der Regel auf die Medienwirkungs- (z.b. Rezeptionsstudien) und Internetforschung (z.b. Hyperlink-Analysen) beschränkt (Friemel, 2005; Albrecht, 2010). Der analytische Mehrwert des Ansatzes zur Erklärung von Kommunikationsphänomenen jenseits des massenmedialen Fokus darf jedoch nicht unterschätzt werden und zeigt sich insbesondere am Untersuchungsgegenstand Public Affairs. Als theorieneutraler Ansatz bietet das Netzwerkparadigma das ideale theoretische und analytische Bindeglied für die Fusion einer individuellen und relationalen Perspektive auf den Gegenstand. Es eröffnet ferner die Möglichkeit über verschiedene Disziplinen hinweg konzeptionelle Querverbindungen (hier Issues- und Stakeholder-Management sowie Public-Policy-Analysis) nutzbar zu machen und ermöglicht damit die systematische Rekonstruktion kommunikativer Einflussbeziehungen an der Schnittstelle von Wirtschaft zu Politik und Gesellschaft.

5.2 Strukturalismus und Akteurszentrierter Institutionalismus

Sucht man nach einem passenden erkenntnistheoretischen Fundament für das Modell, stößt man zwangsläufig auf den Strukturalismus. Ursprünglich in der französischen Ethnologie von Levi Strauss entwickelt und auf die Soziologie übertragen, verhalf der Ansatz einer Gruppe amerikanischer Sozialwissenschaftler um den Harvard-Professor Harrison C. White in den 1970er-Jahren bei der theoretischen und methodologischen Begründung der von ihnen praktizierten mathematischen Modellierung von Beziehungsstrukturen – eine Praxis, die sich später unter dem Begriff der

---

11 Anwendungsgebiete innerhalb der Politikwissenschaften sind bspw. die Wahl- und Abstimmungsforschung, Elitenforschung, Soziale Bewegungsforschung, Internationale Beziehungen, Verbändeforschung oder die Verwaltungswissenschaft (Sedült, 2005; Schneider, 2009). Anwendungsgebiete in den Wirtschaftswissenschaften sind bspw. die strategische Managementforschung oder die Finanzwirtschaft (Ziegler, 2010; Weyer, 2011).

Netzwerkanalyse etablieren sollte. In gleichem Maße wie Levi Strauss die Grammatik als Ordnungssystem der Sprache, also als eine Art Regelwerk, das die Relationen der Glieder bestimmt und so Sprache erst verständlich macht verstand, nahm auch White an, dass Verhalten durch strukturelle Randbedingungen erklärt werden müsse und es die Aufgabe sozialwissenschaftlicher Forschung sei jene „Grammatik des Sozialen" (Stegbauer, 2010, S. 294) anhand der Relationen der Elemente zu erklären (Wellman, 1988; Amborn, 1992). Auch wenn sich der Strukturalismus zwischenzeitlich als zentrales epistemologisches Paradigma in der Netzwerkforschung etabliert hat, so ist es doch wichtig zu erwähnen, dass es sich dabei nicht um ein universell anwendbares Erklärungsmodell, sondern verschiedene Ansätze handelt, die in unterschiedlichen Disziplinen teils unabhängig voneinander entwickelt wurden, jedoch auf einigen gemeinsamen Prämissen beruhen, die für das hier vorgestellte Modell von Bedeutung sind. So folgt der Strukturalismus dem „Postulat von Strukturen als Erklärungsvariablen" (Jansen, 2006, S. 24) und betont die soziale Einbettung von Akteuren (Burt, 1982; Granovetter, 1985). Er unterstellt soziale Systeme bestünden aus Relationen zwischen Elementen und dass sich Verhalten nicht durch isolierte Betrachtung sozialer Handlungseinheiten, sondern ausschließlich überindividuelle, emergente Merkmale erklären ließe. Dieses Verständnis von Netzwerken als Strukturmustern sozialer Ordnung wird in seiner radikalsten Form als deterministisches Handlungskorsett ausgelegt, im ‚scientific mainstream' dominieren jedoch weitaus gemäßigtere Vorstellungen, die nicht nur die Abhängigkeit der Handlungen von sozialen Strukturen, sondern auch die Rückwirkungsmöglichkeit der Handlungseinheiten auf selbige betonen (Mützel, 2010).

Der von Fritz Scharpf und Renate Mayntz in einem Schlüsselaufsatz 1995 vorgestellte politikwissenschaftliche Ansatz des Akteurszentrierten Institutionalismus (AzI) greift diese strukturalistischen Prämissen auf und erweitert sie um eine handlungstheoretische und akteurszentrierte Perspektive. Als wohl bedeutsamster Ansatz der interaktionistischen Policy-Forschung geht es ihm darum, „politische und soziale Handlungen verschiedener Akteure im Zusammenhang vorhandener und sich ändernder, als flexibel und dynamisch zu deutender institutioneller Rahmenbedingungen zu thematisieren und deren sowohl relativ autonome als auch interdependente Handlungspotentiale herauszuarbeiten", so Wolfgang Luthardt (1999, S. 162). Dabei handelt es sich jedoch nicht um eine Großtheorie, sondern um eine im Kontext der Renaissance institutionalistischen Denkens und der Kritik am Rational-Choice-Paradigma entwickelten Forschungsheuristik, die soziale Phänomene als Produkte der innerhalb institutioneller Kontexte stattfindenden Interaktionen strategisch handelnder Akteure begreift. Der Untersuchungsgegenstand des AzI sind ergo Akteurskonstellationen (Scharpf, 2006). Im Gegensatz zu individualistischen Ansätzen wird der analytische Fokus aber auf korporative Akteure gelegt. Scharpf und Mayntz definieren diese als „handlungsfähige, formal organisierte Personen-Mehrheiten, die über zentralisierte, also nicht mehr den Mitgliedern individuell zustehende Handlungsressourcen verfügen, über deren Einsatz hierarchisch (zum Beispiel in Unternehmen oder Behörden) oder majoritär (zum Beispiel in Parteien oder Verbänden) entschieden werden kann" (1995, S. 49 f.). Korporative Akteure sind demnach unmittelbar beobachtbare organisationale Handlungseinheiten, die über die Fähigkeit zum intentionalen Handeln oberhalb von Individuen besitzen und deren Akteursqualität durch Fähigkeiten, Interessen, Wahrnehmungen und Präferenzen bestimmt wird. Sie werden von außen als komplexe soziale Gebilde mit bestimmter Ressourcenausstattung sowie der Fähigkeit selbige in strategischen Handlungen einzusetzen und von innen als institutionelle Struktur, innerhalb derer interne Akteure (Individuen) interagieren um Handlungen zu produzieren, die dem komplexen Akteur zugerechnet werden, wahrgenommen. Scharpf und Mayntz erklären:

> *„Alle korporativen Akteure haben individuelle Akteure als Mitglieder. Gewöhnlich werden jedoch bei der Erklärung des strategischen Handelns korporativer Akteure Vorgänge auf den Mikroebenen ihrer Mitglieder vernachlässigt. Das ist vor allem pragmatisch motiviert: Nur durch die Konzentration auf das Tun und Lassen der korporativen Akteure lässt sich die Komplexität vieler Vorgänge auf ein noch zu bearbeitendes Maß reduzieren. Der Preis dafür ist ein Verlust an Tiefenschärfe" (1995, S. 50)*

Handeln wird dabei als bewusste und beabsichtigte Interaktion verstanden, bei der sich die Akteure begrenzt rational verhalten und von Eigeninteressen sowie einem grundlegenden Streben nach Selbsterhaltung und Autonomie leiten lassen. Ihre Handlungsorientierungen wiederum sind stark institutionell bestimmt, werden aber auch durch nicht-institutionelle Faktoren beeinflusst. Der dem AzI zugrunde liegende Institutionenbegriff ist eng und versteht Institutionen als „Regelungsaspekte (…), die sich vor allem auf die

Verteilung und Ausübung von Macht, die Definition von Zuständigkeiten, die Verfügung über Ressourcen sowie Autoritäts- und Abhängigkeitsverhältnisse beziehen" (Mayntz & Scharpf, 1995, S. 40). Gemeint sind also viel eher formalrechtliche Regeln und sozial-normative Verhaltensmuster (nicht Organisationen), die als abhängige und unabhängige Variablen betrachtet werden und die Handlungsspielräume von Akteuren prägen, jedoch nicht prädeterminieren. Sie sind eher eine Art pfadabhängiger Korridor, der sozial konstruiert, damit räumlich und zeitig veränderbar ist und den stimulierenden, ermöglichenden aber auch restringierenden Kontext tatsächlicher oder möglicher Handlungen darstellt. Institutionen verfügen demnach über die Fähigkeit der Steuerung korporativer Akteure, sind also zugleich Bedingung und Konsequenz deren Handelns, oder wie Frederico Pancaldi prägnant formuliert: „it is actors that make institutions, but to a certain extent also institutions make actors" (2012, S. 5).

Abbildung 28: Analytisches Modell des Akteurszentrierten Institutionalismus.

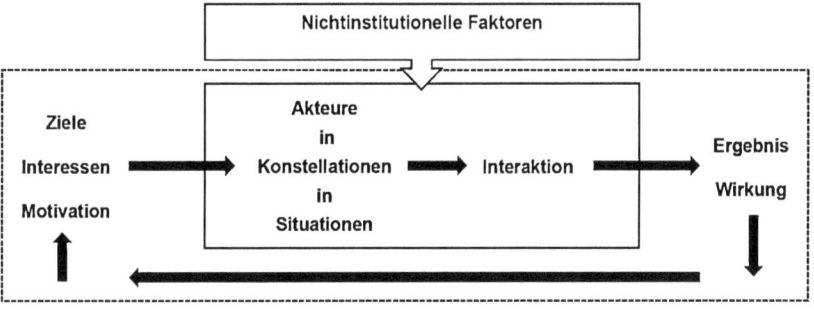

Zusammenfassend lässt sich festhalten, dass der AzI eine geeignete epistemologische Basis darstellt, weil er (1) für die auf Meso- und Makroebene ansetzenden Analysen eine Mikrofundierung anbietet, (2) Akteure und deren strukturelle Einbettung in den Mittelpunkt stellt und (3) das Strukturmuster Netzwerk und Verfahren der formalen Netzwerkanalyse als geeignetes Instrumentarium für die Analyse interaktionsgeformter Akteurskonstellationen proklamiert.

5.3 Corporate Public Affairs als eigenständiger Netzwerktypus?

Neben dem erkenntnistheoretischen Zugang ist eine theoretische Verortung des Netzwerkmodells durch den Abgleich mit bereits bestehenden Netzwerkkonzeptionen nötig. Dabei wird die Auffassung vertreten, dass es sich beim CPA-Netzwerk um einen neuen und eigenständigen Netzwerktypus handelt, der Merkmale folgender drei Netzwerkarten in sich vereint:

Corporate Public Affairs Netzwerk als Stakeholdernetzwerk

Stakeholdernetzwerke erfassen die direkten und indirekten Interaktionsbeziehungen eines fokalen Akteurs in multiplen Umweltkontexten (intern, extern; sozial, ökonomisch, politisch etc.) und ermöglichen damit eine relationale Perspektive auf das Anspruchsgruppenmanagement von Organisationen. Der fokale Akteur (i.d.R. Unternehmen) wird hierbei als zentraler Interaktionspartner betrachtet. Er steht im Mittelpunkt einer Serie multilateraler Kontakte mit und zwischen Stakeholdern. Das Ziel ist die „analysis of the complex array of multiple and interdependent relationships existing in stakeholder environments" (Rowley, 1997, S. 890). Auch das CPA-Netzwerk bildet die Interaktionen einer MNU mit ihren Stakeholdern ab. Es unterscheidet sich aber dahingehend, dass zusätzlich thematische Anlässe der Interaktion und darüber hinaus ausschließlich direkte, politikbezogene informationelle Transaktionsbeziehungen mit Stakeholdern aus externen und internen Umwelten der MNU erfasst werden.

Corporate Public Affairs Netzwerk als Issue-Netzwerk

Das Issue Netzwerk ist ein rein theoretischer Ansatz, der auf einen Schlüsselaufsatz des Politikwissenschaftlers Hugh Heclo aus dem Jahre 1978 zurückgeht und als einer der ersten den Netzwerkgedanken in der amerikanischen Politikwissenschaft etablierte, jedoch nie weiterentwickelt oder methodisch umgesetzt wurde. Er geht davon aus, dass Politikproduktion in themenzentrierten Akteurskonstellationen stattfindet, denen Akteure nicht aufgrund tradierter Verflechtungen (angespielt wird auf das „eiserne Dreieck" zwischen Politik, Bürokratie und Wirtschaft), sondern aufgrund ihres Expertenwissens angehören. Schneider und Janning sprechen von „durch Spezialwissen programmierte(n) Einfluss- und Diskussionsnetzwerke(n)

(…) in denen sich politischer Einfluss aufgrund der issue-bezogenen Programmkompetenz ergibt" (2006, S. 26). Die Issues[12] fungieren dabei als Bindeglieder eines offenen Netzwerkgefüges aus situativ-dynamischen Interaktionen unterschiedlicher Intensität und verschiedenster Akteure, die in dezentrale Aushandlungsprozesse auf mehreren politischen Ebenen und über mehrere Sektoren eingebunden sind. Experten sind für Heclo „those who are issue-skilled (that is, well informed about the ins and outs of an particular policy debate) regardless of formal professional training" (1978, S. 103). Auch das CPA-Netzwerk ist durch solche themenzentrierte Interaktionen gekennzeichnet, umfasst aber nicht nur die Außen-, sondern eben auch Binnenkommunikation des Betriebes und beschränkt sich in gegenständlicher Hinsicht nicht auf materielle Politiken (Policies), sondern umfasst auch andere Thementypen (Issues). Darüber hinaus wird davon ausgegangen, dass auch Akteure ohne Expertenwissen (bspw. in ihrer Funktion als Multiplikator) zu Interaktionspartnern zählen können. Es handelt sich ferner nicht um ein staatszentriertes Netzwerk der Politikproduktion, sondern viel eher ein unternehmenszentriertes Netzwerk der Politikbeeinflussung.

Corporate Public Affairs Netzwerk als Policy-Netzwerk

Das Policy-Netzwerk ist die wohl geläufigste politikwissenschaftliche Netzwerkkonzeption. Die Palette möglicher Definitionen ist breit und reicht von empirisch gegebenen Beziehungsmustern innerhalb eines Politikfeldes (Werner, 2010, S. 755), über Handlungs- und Interaktionsverflechtungen bei der Formulierung und Implementierung von Policies (Schneider & Janning, 2006, S. 159) hin zu einer Anzahl untereinander verbundener, in ihren Handlungen autonomer Akteure, die durch Kommunikation, Ressourcenaustausch und Verhandlung versuchen, den Policy-Output und den Policy-Outcome gemäß ihrer Präferenzen mitzugestalten (Janning et al., 2009, S. 66). Als konzeptioneller Omnibusbegriff beschreibt das Policy-Netzwerk verschiedenste, jedoch in der Regel stark staatszentrierte Modi der Politikinhaltsproduktion und knüpft damit an

---

12 Der Issuebegriff wird im Aufsatz sehr unspezifisch verwandt und entspricht dem Policybegriff dieser Arbeit.

Heclos ganzheitliches und weniger hierarchisches Verständnis von Politikentwicklung als interaktionsorientierte Problemlösung einer Vielzahl heterogener Akteure an. Die Relationen werden dabei unter anderem als Konsultation, Koordination, Kooperation oder Verhandlung interpretiert und mithilfe von Netzwerken als theorieneutralen Strukturmodellen erfasst (Kenis & Schneider, 1992; Van Waarden, 1992; Knill & Schäfer, 2011). Ähnlich dem Policy-Netzwerk beschreibt auch das CPA-Netzwerk auf Politikproduktion gerichtete Interaktionen. Es versteht die Relationen zwischen den Elementen als Zugangskanäle organisierter ökonomischer Interessen, über die durch den Austausch von Informationen Einfluss geltend gemacht wird. Dabei beschränkt es sich jedoch nicht auf ein einzelnes Politikfeld oder eine einzelne Ebene, sondern bildet sektor- und ebenenübergreifend politikbezogene Kommunikationsbeziehungen ab. Die traditionell stark staats- und verbandszentrierte Perspektive wird überdies durch den Fokus auf privatwirtschaftliche Akteure ergänzt und damit das übliche Akteursspektrum (Ministerien, Behörden, Verbände, Parlamente, Parteien) um andere wichtige politische Handlungseinheiten (z.B. Agenturen, Unternehmensrepräsentanzen, Think Tanks, Unternehmensberatungen) erweitert.

Zusammenfassend lässt sich festhalten, dass es sich beim CPA-Netzwerk um ein offenes und dynamisches Kommunikationsnetzwerk handelt, in dem CPA-Abteilungen als fokale Akteure (Ego) mit inner- (Alteri: Interne Stakeholder) und außerbetrieblichen Anspruchsgruppen (Alteri: Externe Stakeholder) aufgrund bestimmter thematischer Anlässe (Issues und Policies) informationelle Transaktionsbeziehungen eingehen, um sich so Zugang und Einfluss zu sichern und ihre Rolle als Agenten der politischen Unternehmenskommunikation auszufüllen.

5.4 Das Internationale Corporate Public Affairs Netzwerk

Auf den Abgleich mit bisherigen Netzwerkkonzeptionen folgt die detaillierte Beschreibung der Charakteristika und theoretische Fundierung der Relationen. Es wird versucht das Modell durch Visualisierungen mit Dummy-Variablen und ein Praxisbeispiel möglichst anschaulich zu beschreiben. Das Kapitel endet mit einem Überblick zu den Komponenten des Modells.

5.4.1 Public Affairs als unechtes, bimodales Multi-Ego-Netzwerk

Alexander Rausch definiert bimodale Netzwerke als Netzwerke, die Akteure mit Gelegenheiten verknüpfen, soziale Beziehungen einzugehen (Rausch, 2010, S. 430). Die Gelegenheiten (z.b. Veranstaltungsbesuche oder Mitgliedschaften) sind eine hinreichende, aber nicht notwendige Bedingung für die Entstehung sozialer Beziehungen. Sie schaffen Anlässe für Interaktionen. Im Gegensatz zu unimodalen Netzwerken die nur Kanten zwischen homogenen Knoten abbilden, verknüpfen bimodale Netzwerke zwei verschiedenartige Knoten miteinander, nicht jedoch gleichartige Knoten untereinander. Sie werden visuell als bipartite Graphen dargestellt, bei denen Gelegenheiten und Akteure Knoten ein und desselben Netzwerkes sind, zwischen denen dann eine Verbindung herrscht, wenn die Gelegenheit zur Interaktion tatsächlich oder potentiell genutzt wird (Borgatti & Everett, 1997; Rausch, 2010). Überträgt man diese Eigenschaft auf das CPA-Netzwerk, bedeutet dies, dass Issues und Policies Interaktionsanlässe darstellen, d.h. Public-Affairs-Abteilungen aufgrund ihrer thematischen Anliegen je themenspezifische Austauschbeziehungen mit Stakeholdern in der internen und externen Umwelt eingehen. Mithilfe des Gedankens der Bimodalität lassen sich somit die beiden Konstruktdimensionen Akteure und Inhalte in einem Modell analytisch zusammenführen.

Ego-Netzwerke wiederum sind Netzwerke, die einen fokalen Akteur (Ego) und dessen Beziehungen zu anderen Akteuren (Alteri) in den Mittelpunkt stellen. In seiner ursprünglichsten Form besteht ein Ego-Netzwerk aus einem Ego, beliebigen Alteri und den direkten dyadischen Austauschbeziehungen zwischen Ego und Alteri sowie allen Alteri untereinander. Es gibt jedoch auch Ego-Netzwerke mit mehreren fokalen Punkten (Multi-Ego). Werden nur Ego-Alteri-Dyaden erfasst, spricht man von einem unechten Ego-Netzwerk (Schenk et al., 1992; Jansen, 2006; Wolf, 2010; Schauwecker, 2010). CPA-Netzwerke sind unechte Multi-Ego-Netzwerke, weil sie ausschließlich direkte dyadische Austauschbeziehungen zwischen mehreren Egos (Issues und Policies) und Alteri (Stakeholdern) erheben. Die Themenknoten stellen dabei die themenspezifische Mediationsleistung der Abteilung dar. Auf diesem Wege lässt sich die Konzeption von CPA-Abteilungen als Schnittstellenfunktionen zwischen interner und externer Unternehmensumwelt netzwerkanalytisch umsetzen. Die Konzeption hat allerdings noch einen weiteren Vorteil: üblicherweise beziehen Ego-Netzwerkanalysen nicht nur Kanten-, sondern auch Knotenattribute in die Analyse mit ein. Mithilfe des unechten Ego-Netzwerkes lassen sich somit eine relationale und individuelle Perspektive auf den Gegenstand werfen und damit die in Kapitel 4 hergeleiteten Individualattribute sowie die in diesem Kapitel definierten Relationalattribute in das Modell integrieren.

Führt man nun alle bisherigen Überlegungen zusammen, erhält man das eingangs versprochene Corporate-Public-Affairs-Netzwerkmodell. Es besteht aus den beiden Dimensionen Akteure und Inhalte, die sich wiederum in zwei Knotenkategorien (Anspruchsgruppen und Themen) überführen lassen, welche wiederum Untertypen haben (Issues und Policies; Externe und Interne Stakeholder etc.), wobei die Themenknoten im Modell als fokale Punkte (Egos) betrachtet und inhaltlich als themenspezifische Mediationsleistung interpretiert werden. Der Grundbaustein des Modells ist je ein themenzentriertes Stakeholderset (Ein Ego mit beliebigen Alteri), das um beliebige Themen- oder Akteursknoten ergänzt werden kann.

Abbildung 29: Corporate Public Affairs Netzwerkmodell (Dummy-Variablen; UCINET 6).

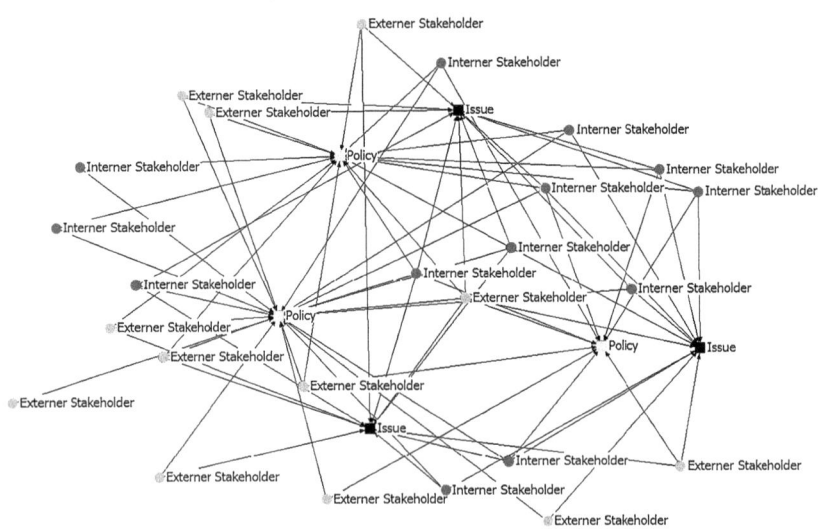

> **Praxisbeispiel:** Die Public-Affairs-Abteilung eines großen deutschen Automobilherstellers arbeitet in ihrem Heimatmarkt Deutschland an den politischen Themen „PKW-Maut", „Außengeräuschrichtlinie" und „Tempolimit". Weil die „PKW-Maut" und das „Tempolimit" bisher nur öffentlich diskutiert werden und noch nicht in konkrete politische Programme (z.B. Gesetze) überführt wurden, handelt es sich um sogenannte Issues (Knoten). Die EU-Außengeräuschrichtlinie hingegen ist eine Policy (Knoten), weil sie für das Unternehmen aufgrund einer einheitlichen europäischen Richtlinie bereits rechtsverbindlich ist und die Einhaltung eben dieser Richtlinie von der Europäischen Kommission kontrolliert wird. Um jedes dieser drei Themen gruppiert sich nun eine bestimmte Anzahl themenspezifischer Anspruchsgruppen. Im Falle der PKW-Maut sind diese externen Stakeholder (Knoten) beispielsweise das Bundeswirtschaftsministerium, das Bundeskanzleramt, der deutsche Bundestag, der Automobilclub ADAC, der Bundesverband der deutschen Industrie, der deutsche Automobilherstellerverband, NGOs wie Greenpeace und andere Akteure. Interne Anspruchsgruppen (Knoten) hingegen sind beispielsweise der Vertrieb, Presse- und Öffentlichkeitsarbeit, Rechtswesen und das Vorstandsressort. Die Public-Affairs-Abteilung des Unternehmens versucht nun im Auftrag ihres Prinzipals, d.h. der betrieblichen Entscheider (Vorstand und Bereichsleiter), über ihre Zugangskanäle die sorgfältig nach Rücksprache mit internen Stakeholdern gebildeten Positionen politisch zu kommunizieren und durchzusetzen. Sie tut dies, indem ihre Mitarbeiter (PA-Professionals) beispielsweise im Rahmen von Hearings, politischen Veranstaltungen oder anderen Gesprächsplattformen mit jenen Stakeholdern interagieren, die einen direkten oder indirekten Bezug zum Thema haben und/oder über entsprechende technische bzw. politische Expertise verfügen. Die Abteilung erbringt dabei eine themenspezifische Mediationsleistung für das Unternehmen. Diese Mediationsleistung zwischen innerbetrieblicher und überbetrieblicher Umwelt (Theoretisch: CPA als Schnittstellenfunktion) entspricht im Netzwerkmodell quasi der Summe der Themenknoten, wobei der politische Kommunikationsprozess selbst wiederum als Summe der Verbindungslinie dargestellt wird.

Die in der Abbildung gezeigten themenzentrierten Stakeholdersets bleiben jedoch auf einen einzigen politischen Raum[13] beschränkt. Das Internationale Corporate Public Affairs Netzwerk, also das weltweite politische Unternehmenskommunikationsnetzwerk eines MNUs, besteht demnach aus der Summe der themenzentrierten Anspruchsgruppeninteraktionen in verschiedenen

---

13 Das Konstrukt wird unter Punkt 2.4. erörtert. Ein politischer Raum kann, muss aber nicht ein nationalstaatliches Gebilde sein. Es kann sich ebenso um supranationale, transnationale oder internationale Gebilde handeln. Das Konstrukt muss im Kontext des jeweiligen Forschungsinteresses definiert und operationalisiert werden.

politischen Räumen weltweit, ist also ein aus mehreren Ebenen bestehendes Netzwerk, in dem je bestimmte themenzentrierte Akteurskonstellationen abgebildet werden, die in je spezifischen institutionellen Kontexten stattfinden. Theoretisch sind dabei nicht nur innerhalb, sondern auch zwischen politischen Räumen Austauschbeziehungen denkbar. Diese Überlegung ist methodisch allerdings schwer umsetzbar, weshalb sich die Interaktionen hier idealtypisch auf einen politischen Raum beschränken. Um raumübergreifende Austauschbeziehungen abzubilden, müssten entweder mehrere politische Räume in einem einzigen Raum zusammengefasst, oder aber Stakeholder aus anderen politischen Räumen unter entsprechender Kenntlichmachung in einen Primärraum überführt werden.

Abbildung 30: Internationales Corporate Public Affairs Netzwerk (Fiktives Beispiel).

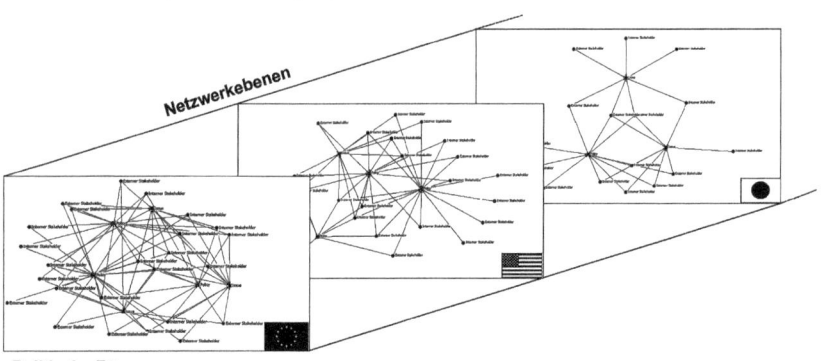

5.4.2 Public Affairs als politisches Organisationskommunikationsnetzwerk

Das CPA-Netzwerk erfasst themengebunden die innerbetrieblichen (Interne Stakeholder) und außerbetrieblichen (Externe Stakeholder) Interaktionspartner der CPA-Abteilung einer MNU und bildet daher sowohl ein inter- als auch intraorganisationales Netzwerk ab (Tichy et al., 1979; Galaskiewicz, 1985; Mizruchi & Galaskiewicz, 1993; Jansen, 1995; Borgatti & Foster, 2003; Wayne & Faulkner, 2005; Raab, 2010). Dabei wird angenommen, dass die MNU zur Zielerreichung und Leistungserstellung politische Ressourcen benötigt deren Beschaffung über die Public-Affairs-Abteilung durch strategische Interaktionen innerhalb von Stakeholdernetzwerken erfolgt, oder wie Gulati und Kollegen erklären: „the egozentric organizational network is a channnel through which the focal organization obtains ressources and information from the environment" (2005, S. 281). Die Erfassung organisationaler Interaktionen ist jedoch nicht unproblematisch. Britta Baumgarten und Christian Lahusen bemerken:

> „Die Netzwerkanalyse untersucht zumeist Organisationen in ihrer Qualität als politische Akteure, ist aber darauf angewiesen, einzelne Organisationsmitglieder zu befragen. Individuen haben aber stets eine subjektive Wahrnehmung der Organisationsumwelt und einen selektiven Zugang zum Organisationswissen, gerade wenn wir es mit großen und stark differenzierten Organisationen zu tun haben" (2006, S. 186)

Organisationale Netzwerkanalysen müssen demnach oft Verzerrungseffekte in Kauf nehmen (klassisches Reaktivitätsproblem), haben aber zugleich den entscheidenden Vorteil, das Austauschprozesse häufig institutionalisiert (z.B. Gremienmitgliedschaften) und Informationen über selbige in nicht-reaktiver Form (Protokolle, Positionspapiere etc.) schriftlich fixiert sind.

Getreu dem Grundsatz es gibt zwar Kommunikation ohne Interaktion, aber keine Interaktion ohne Kommunikation, ist die Kommunikation zwischen den Interaktionspartnern Voraussetzung und Bestandteil des Ressourcenaustausches. Unter Kommunikation wird dabei ein reflexiver sozialer Prozess verstanden, der mindestens einen Sender (Kommunikator), einen Empfänger (Rezipient), einen Kanal bzw. ein Medium und eine Botschaft (syn. Nachricht; hier verschiedene Spielarten politischer Information) beinhaltet. Technisch betrachtet verläuft der Prozess wie folgt: Ein Sender (A) formuliert eine Botschaft, mit der er ein Motiv und Ziel verbindet. Diese wird mittels Transmitter kodiert, durch ein Medium übertragen und anschließend vom Empfänger (B) dekodiert und interpretiert (Shannon & Weaver, 1949). Betrachtet man diesen Vorgang netzwerkanalytisch entsprechen Relationen Kommunikationsbeziehungen (Friemel, 2005). Das Strukturmodell ‚Netzwerk' und der Kommunikationsprozess sind in struktureller Hinsicht nämlich durchaus kompatibel. Thomas Friemel schreibt:

> „Beide bezeichnen etwas intermediäres, was zwischen Akteuren besteht, was sich nicht auf Individuen reduzieren lässt, sondern als kleinste Einheit eine Dyade

erfordert. Beide Konzepte lassen sich somit der Relationalen Perspektive zuordnen und sind zudem als ebenenübergreifend zu verstehen. Außerdem werden beide Konzepte mit ähnlichen Bildern in Zusammenhang gebracht – mit dem Fluss (...), mit dem Untergründigen, das bestehende Strukturen unterwandert (...)" (2010, S. 168)

Zu den netzwerkanalytisch relevanten Merkmalen des Kommunikationsprozesses (K.) zählen:

(1) *Relationalität:* K. ist ein wechselseitiger Prozess, der zwischen mindestens zwei sozialen Handlungseinheiten stattfindet. Die Relation ist ergo eine Kommunikationsbeziehung.

(2) *Direktionalität:* K. wird von Organisationen strategisch bewusst eingesetzt. Sie kann sowohl einseitig (uni-) als auch wechselseitig (bidirektional) gerichtet sein.

(3) *Relative Autonomie:* K. kann sich verselbständigen. Das bedeutet, die vom Sender intendierte Wirkung kann, muss aber nicht eintreten. Thomas Friemel bemerkt treffend:

„Wer etwas mitteilt, setzt Kommunikation in die Welt, die sich im weiteren Verlauf seiner Kontrolle entzieht. Die Mitteilung kann so rezipiert werden, wie er es sich vorgestellt hat, aber auch ganz anders. Kommunikation schafft eigene Bezüge, die wiederum auf Kommunikation verweisen, weil Sprache kein fixes Regelsystem im Sinne eines Codes (...) [ist], sondern durch jede Nutzung modifiziert und weiterentwickelt wird" (2010, S. 169f.)

(4) *Dynamik*: K. ist ein dynamischer Prozess und kein Zustand.

Die Charakteristika Dynamik und Autonomie stehen in einem prinzipiellen Spannungskonflikt zum eher statischen Strukturmodell des Netzwerkes (Albrecht, 2010). Darüber hinaus gilt es kritisch anzumerken, dass Netzwerkmodelle natürlich nicht in der Lage sind, die Kontextualität der Kommunikation oder gar eventuelle Feedbackschleifen abzubilden. Sie geben lediglich in vereinfachter Form kommunikative Infrastrukturen wieder und können daher niemals als wirklichkeitsgetreue Abbilder derart komplexer sozialer Vorgänge fungieren.

Abbildung 31: Kommunikationsbeziehungen aus netzwerkanalytischer Sicht.

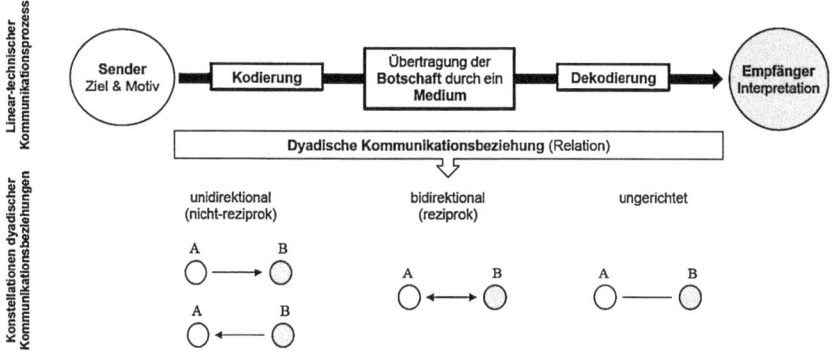

5.4.3 Public Affairs als informationelles Transaktionsnetzwerk

MNUs akquirieren Ressourcen aus ihrer Umwelt. Der Modus der damit verbundenen strategischen Interaktion ist ein Tauschprozess, der aus Leistung und Gegenleistung besteht und in dieser Arbeit mithilfe der pol. Tauschtheorie und der kommunikativen Theorie des Lobbying theoretisch fundiert wird. Zwar sind durchaus weitere Tauschgüter denkbar (Posten, Einladungen, Spenden etc.), dieses Kapitel beschränkt sich jedoch auf Informationen als wichtigste pol. Handlungsressourcen eines MNU.[14] Informationen (I.) sind Teilmengen von Wissen und gelten deshalb als strategische Ressourcen, weil sie gezielt zur Beeinflussung des Verhaltens von Stakeholdern eingesetzt werden können. Sie verfügen über folgende Eigenschaften:

(1) *Immateriell:* I. sind per definitionem nicht-materielle Rohstoffe, können aber in physikalischer Form distribuiert werden (z.B. auf einem Datenträger wie einem Blatt Papier).

---

14 Informationen werden in vielen empirischen Studien, aber auch theoretischen Arbeiten zu Corporate Lobbying und PA als wichtigstes Tauschgut bezeichnet. Sie korrespondieren ferner mit dem Selbstbild der PA-Manager als neutralen, ehrlichen Informationsbrokern. Darüber hinaus können auf diesem Wege mögliche Probleme bei der Erhebung umgangen werden. Es darf angenommen werden, dass die Auskunftsbereitschaft bei materiellen Gütern (z.B. Sachspenden, Sponsoring, etc.) weitaus geringer ausfällt, als bei der Abfrage des Informationsaustausches (keine negative Konnotation; keine Verstöße gegen Verschwiegenheitspflicht etc.).

(2) *Wertvoll:* Der Wert einer I. ist sozial konstruiert. Er wird von Tauschpartnern zugeschrieben und ergibt sich aus qualitativen und quantitativen Kriterien (z.B. Spezifizität).
(3) *Duplizier- & transferierbar:* I. können reproduziert und weitergegeben werden. Mit der Reproduktion und/oder dem Transfer verliert die Information jedoch praktisch an Wert.
(4) *Transportabel:* I. sind nicht an Örtlichkeiten gebunden und daher jederzeit übertragbar.
(5) *Knapp & kostbar:* I. sind begrenzt verfügbar. Produktion, Erwerb und Austausch sind mit Kosten verbunden. Durch die Knappheit der I. steigen Wert und Nachfrage.
(6) *Nicht-Substituierbar:* Für I. gibt es kein Substitutionsgut (Schaefer, 2011).

CPA-Netzwerke sind demnach „Politiknetzwerke des Sendens und des Empfangens von Information" (Bräuninger & König, 2004, S. 206) in denen Information den Tauschgegenstand, Issues oder Policies den Tauschanlass, Stakeholder und CPA-Abteilung die Tauschpartner, Wettbewerbsvorteile das Tauschmotiv und Vertrauen und Glaubwürdigkeit die Tauschvoraussetzung darstellen. Das Netzwerk wird dabei als die Menge der durch den Tauschprozess mit der MNU verbundenen Stakeholder verstanden, die ihre Interessenrealisierungschancen durch das Darbieten und/oder den Entzug von pol. Informationen zu steigern versucht. Der Transaktionsvorgang selbst folgt einer marktähnlichen Prozesslogik. Angenommen wird, dass alle Netzwerkakteure prinzipiell Bedarf nach Informationen haben, diese frei tauschen können und sowohl als Geber (Sender) und Nehmer (Empfänger) auftreten. Wert und Bedarf der Information konstituieren die Nachfrage. „Network ties consist of exchange relations of valued items, and what matters casually is the exhange value (i.e. due to actors interest) of the items exchanged", erläutern Cook und Whitmeyer (1992, S. 123). Erwerb und Weitergabe sind für alle Beteiligten ferner mit Kosten verbunden. Während des Austauschvorgangs verhalten sich die Akteure begrenzt rational und teils opportun. Sie lassen sich je von individuellen Präferenzen und Wahrnehmungen leiten. Es besteht darüber hinaus eine prinzipielle Asymmetrie zwischen dem Entscheidungsmonopol der Politik und der Informationsversorgung durch nichtstaatliche Akteure. Birger Priddat und Rudolf Speth erklären ausführlich:

„Von der Politik her besteht aber ein Ungleichgewicht im möglichen Tauschverhältnis mit privaten Akteuren; zwar besteht eine Nachfrage nach Informationen, jedoch kann diese, selbst wenn Entscheidungsträger dies wollten, aufgrund der Vielschichtigkeit des Prozesses nicht unbedingt mit Einfluss entlohnt werden. (…) Politische Entscheidungsträger [haben] einen entscheidenden Vorteil. (…) Sie [sind] die einzigen, die verbindlich über einen Rechtsakt entscheiden können; in anderen Worten: Sie besitzen eine Art Monopol auf die Rechtssetzung. Private Akteure besitzen jedoch kein Monopol auf das Informationsgut, das sie anbieten, sondern stehen im Wettbewerb mit Konkurrenten um den Einfluss auf den Charakter eines Rechtsaktes" (2007, S. 14)

Am Ende des Tauschvorgangs steht entweder der Tausch von Information gegen Information oder aber auch der Tausch von Information gegen Berücksichtigung der Interessen eines Akteurs im Entscheidungsfindungsprozess (Pappi & Kappelhoff, 1984; Bräuninger & König, 2004; Dogan et al., 2008). Theoretisch sind diese Informationsaustauschbeziehungen ihrer Natur nach immer reziprok. Tatsächlich kann es in der politischen Unternehmenskommunikation jedoch auch nur zur Informationsweiterleitung kommen. Pappi und König erläutern:

„Informationsaustausch liegt vor, wenn ein Akteur einem oder anderen Informationen weitergibt und diese im Gegenzug ebenfalls eine Information an den ursprünglichen Sender zurückschickt. Informationsaustausch ist also reziproke Informationsweitergabe. Davon zu unterscheiden ist die einseitige Informationsweitergabe, der als Gegenleistung ein anderes Tauschgut entspricht, das im Netzwerk der bestätigen Informationsweitergabe aber nicht enthalten ist" (1995, S. 118)

Praktisch können bei reziproken Beziehungsformen zudem zwei Probleme auftauchen: Erstens ist die Gleichheit des Tauschgutes eine idealtypische Annahme. Denkbar ist schließlich auch der Tausch gegen andere Güter (z.B. Geld). Zweitens findet nicht immer eine unmittelbare Gegengabe statt. Sie kann auch gar nicht, zeitversetzt und/oder durch Dritte erfolgen.

Neben der Richtung des Informationsaustausches kann auch die Häufigkeit mithilfe der Netzwerkanalyse erfasst werden. Je nachdem welche Maßeinheiten (z.B. Stunden, Tage, Wochen, Monate, Jahre) zugrunde gelegt werden lässt sich die Frequenz informationeller Transaktionen in einem Kontinuum der Stärke (sehr häufig; häufig; selten; sehr selten) mithilfe gewichteter Relationen abbilden. Wie bei der Konzeption von CPA als Schnittstellen-funktion bereits angemerkt wurde ist dabei Varietät entscheidend. Marina Greven argumentiert: „Potenziale erhält das Netzwerk erst durch

Vielfalt. Ist ein Netzwerk jedoch homogen, wird es weniger Innovationen und erfolgreiche Kommunikationsbeziehungen zwischen Wirtschaft und Politik aufbauen können" (2009, S. 25). Je einseitiger die Relationen zu den Polen ‚stark' oder ‚schwach' tendieren, desto unausgewogener und einseitiger ist die Informationsbeschaffung und desto stärker die Abhängigkeit von einzelnen Stakeholdern (Avenarius, 2010). Schon die Urväter der Netzwerkanalyse wussten, dass man über starke Relationen (sogen. ‚strong ties') meist dieselben Neuigkeiten mitgeteilt bekommt. Schwache Relationen (sogen. ‚weak ties') sind hingegen weniger redundant. Sie liefern wertvolle neue Informationen und schaffen echte strategische Wettbewerbsvorteile (Granovetter 1973 & 1974).

Der kommunikativen Theorie des Lobbying von John R. Wright (2003) zufolge ist Politik zur Problemlösung auf informationelles Input von organisierten Interessen angewiesen. Lobbying ist dabei derjenige informationsbasierte strategische Kommunikationsprozess, bei dem das politisch-administrativen System gezielt mit Informationen versorgt wird, um Zugang zu erhalten und Einfluss auszuüben. Zugang (access) ist für Wright die Vorstufe des Einflusses und kann, muss jedoch nicht zu Einfluss führen. Wright argumentiert: „access implies only that lobbyists are in a position to affect legislator's beliefs, not that beliefs have actually been altered, maintained, or reinforced" (2003, S. 81). Dies bedeutet, dass MNUs zwar durchaus von Entscheider angehört werden können, oder formal in den Entscheidungsprozess eingebunden sein können (z.B. durch Ausschussanhörungen), damit ist jedoch noch lange nicht garantiert, dass ihre Interessen bei der Formulierung politischer Programme auch berücksichtigt werden. Einfluss (influence) unterscheidet sich von Zugang also dahingehend, dass er eine Verhaltens- oder Einstellungsänderung bewirkt. Er beginnt da, wo Entscheider ihre Haltungen und Einstellungen zugunsten der Unternehmensinteressen ändern. Wright versteht Zugang und Einfluss dabei als Kontinuum, dass von keinem Zugang hin zu viel Einfluss reicht, merkt aber zugleich kritisch an, dass derartige Differenzierungen wesentlich leichter auf einer konzeptionellen, als empirischen Ebene getroffen werden können.

Abbildung 32: Zugang-Einfluss-Kontinuum (in Anlehnung an Wright, 2003, S. 78).

	Kein Zugang	Zugang		Einfluss
Lobbyist	Keine Lobbyingaktivitäten	Etablierung von Kontakt und Aufrechterhaltung von routinierten Austauschbeziehungen	Formulierung spezifischer programm-bezogener Informationen und Argumente	Konkrete und direkte Mitwirkung an der Formulierung pol. Programme (z.B. Weiß- und Grünbücher, Gesetze etc.)
Legislator	Weder Sichtung der Information noch Anhörung der Argumente	Sichtung der Information und Anhörung der Argumente der Lobbyisten	Indirekte Berücksichtigung der Argumente bei der Entscheidungsfindung	Verhaltens- und Einstellungsänderung auf Basis der von L. distribuierten Informationen; Änderung pol. Programme

Für Wright setzt Zugang die Realisierung informationeller Wettbewerbsvorteile (informational competitive advantages) voraus. Diese entstehen dadurch, dass Interessengruppen mit den von ihnen distribuierten Informationen die Unsicherheitsfaktoren politische Entscheider und Programmgestalter (legislators), namentlich Wiederwahl (reelection), effektive Programmgestaltung (policy performance) und Einfluss innerhalb der Legislative sowie Verwaltungs- und Ministerialbürokratie (legislative influence) tangieren. Auf Basis dieser drei Faktoren unterscheidet Wright (1) politische Informationen (political information) als Information über den Status und Entwicklungsstand von Gesetzesinitiativen von (2) elektoratsbezogenen Informationen (electoral information) als Informationen über die Auswirkung pol. Programme auf die eigene Wählerschaft und (3) Policy-Information als Information über die ökonomischen, sozialen, ökologischen und politischen Implikationen materieller Politiken (2003, S. 82 ff.).

Die Typologie von Wright beschränkt sich jedoch stark auf den Informationsbedarf des politisch-administrativen Systems und berücksichtigt die informationellen Bedürfnisse der MNUs nicht. Abhilfe schafft hier die auf Wrights Grundtypen basierende Typologie von Anthony J. Nownes (2006). Nownes unterscheidet sieben Informationstypen wie folgt:

(1) *Political Information:* Information (I.) über den Status und die Entwicklungsmöglichkeiten bestimmter potentiell oder tatsächlich anstehenden gouvernementalen Entscheidungen.
(2) *Career-Relevant Information:* I. über die Implikationen einer spezifischen Entscheidung in Bezug auf den tatsächlichen oder möglichen Karriereverlauf der beteiligten Personen.
(3) *Policy-Analytic Information:* I. über die potentiellen ökonomischen, sozialen und ökologischen Konsequenzen bestimmter gouvernementaler Handlungen und Entscheidungen.
(4) *Background Information:* Allgemeine, tendenziell eher detailarme I. über die eigenen Positionen und Interessen sowie mögliche Maßnahmen zur Berücksichtigung der selbigen.
(5) *Technical Information:* Detaillierte, tiefgreifende I. über technische Aspekte einer Policy.
(6) *Activity Information:* Allgemeine I. über anstehende und noch ausstehende Aktivitäten im politisch-administrativen System oder auf Unternehmensseite.
(7) *Product Information:* I. über das Unternehmen und dessen Produkte (z.B. Produktpalette Produktperformance, Preisbildung, Produktionsprozess etc.). (2006, S. 202 ff.)

Nownes unterstellt, dass beide Seiten je bestimmte Informationsarten präferieren. So ist beispielsweise denkbar, dass die CPA-Abteilung eines MNUs ihren Fokus auf Policy-Analytic-, Background-, und Activity-Informationen legt, wohingegen der Politikbetrieb tendenziell stärker Background-, Technical-, und Product-Informationen nachfragt. Distribuiert werden die Informationen laut Nownes dabei klassischerweise entweder über einen (a) *informellen* (d.h. nicht-institutionalisierte und/oder formalisierte Wege) oder (b) *formellen* (d.h. institutionalisierte und/oder formalisierte Wege) Kommunikationskanal.

Auch wenn die Typologien von Wright und Nownes weder exhaustiv noch gänzlich disjunkt sind, liefern sie dennoch einen ersten theoretischen Ausgangspunkt für die inhaltliche Beschreibung der Transaktionsbeziehungen eines MNUs mit ihrem politischen Umfeld. Einen alternativen, einfacheren und daher praxistauglicheren Ansatz zur theoretischen Fundierung der Relationen liefert das Dreiebenenmodell der Austauschbeziehungen von Klement Podnar und Zlatko Jancic (2006). Das Modell stammt aus der Literatur des strategischen Stakeholdermanagements und unterscheidet drei Prioritätsstufen der Stakeholderrelationen wie folgt:

(1) *Inevitable Relations:* Hierbei handelt es sich um essentielle Austauschbeziehungen mit Stakeholdern, die einen direkten und unmittelbaren Effekt auf den Unternehmenserfolg (social and economic performance) haben. Es kommen permanente und kontinuierliche Kommunikationsprogramme zum Tragen, die langfristig die bilaterale Beziehung stärken.

(2) *Necessary Relations:* Hierbei handelt es sich um Austauschbeziehungen mit relevanten Stakeholdern. Es besteht keine Notwendigkeit der dauerhaften Kommunikation. Für die Beziehungspflege sind ad-hoc Kommunikationsprogramme ausreichend.

(3) *Desirable Relations:* Hierbei handelt es sich um erwünschte, aber keine notwendigen Austauschbeziehungen mit Stakeholdern, die bei der Realisierung von Wettbewerbsvorteilen und Reputationssteigerung behilflich sein können. Die Kommunikation mit Selbigen verläuft vereinzelt und unregelmäßig mit kleinformatigen Kommunikationsprogrammen.

Als kompakte Alternative bietet sich diese Typologie beispielsweise dann an, wenn weder Direktionalität noch Frequenz des Austausches, sondern ausschließlich die Typizität der Relationen (ungerichtete Kommunikationsbeziehungen) erfasst werden soll.

5.4.4 Komponenten und Charakteristika des Corporate Public Affairs Netzwerkmodells

Führt man alle bisherigen Erkenntnisse zusammen, erhält man das zentrale Konstrukt dieser Arbeit mitsamt seiner Komponenten. Basierend auf der Vorstellung von ICPA als Schnittstelle zu multiplen Umwelten und themenzentriertem Management von Stakeholderbeziehungen ließ sich ein Netzwerkmodell konstruieren, welches dazu in der Lage ist die kommunikativen Einflussbeziehungen Multinationaler Unternehmen abzubilden. Dabei handelt es sich um ein unechtes, bimodales Multi-Ego-Netzwerk mit Themenknoten als fokalen Punkten, das als organisationales Kommunikationsnetzwerk die informationellen Austauschbeziehungen einer CPA-Abteilung mit inner- und außerbetrieblichen Anspruchsgruppen abbildet. Informationen sind dabei Tauschgegenstand, Stakeholder und CPA-Abteilung Tauschpartner,

Wettbewerbsvorteile das Tauschmotiv und Vertrauen und Glaubwürdigkeit die Tauschvoraussetzung.

Abbildung 33: Relationalattribute des Corporate Public Affairs Netzwerkes.

		Beziehungsvariablen des Netzwerkmodells - Relationalattribute -	
Themenzentrierte Akteursbeziehungen	Politisches Kommunikationsnetzwerk / Kommunikative Theorie des Lobbying & Tauschtheorie	Transaktionsgegenstand	• Political Information • Career-Relevant Information • Policy-Analytic Information • Background Information • Technical Information • Activity Information • Product Information
		Transaktionskanal	• Formeller Austausch (z.B. Gremium) • Informeller Austausch (z.B. pers. Gespräche)
		Transaktionsrichtung	• Einseitig (von A nach B oder B nach A) • Reziprok (von A nach B und umgekehrt)
		Transaktionsfrequenz	• z.B. einmal im Monat
	Stakeholder-rmanagement	(Alternativ) Stakeholderrelation	• Inevitable Relations • Necessary Relations • Desirable Relations

Rein visuell entspricht das Modell einem bipartiten Graphen (Abb. 29) und lässt sich mit einschlägigen Netzwerkanalyseprogrammen (z.b. UCINET 6 oder Gephi) problemlos abbilden. In relationaler Hinsicht, ließen sich die Modellkomponenten mithilfe eines einfachen Kommunikationsmodelles, der politischen Tauschtheorie und der kommunikativen Theorie des Lobbying fundieren (Abb. 34). Die Knotenattribute hingegen wurden aus dem Stakeholder- wie Issues-Management und der Politikfeldanalyse hergeleitet (Abb. 34). Als epistemologischer Rahmen wurde zudem der Akteurszentrierte Institutionalismus (AzI) vorgeschlagen. Anzumerken bleibt diesbezüglich jedoch, dass Public-Affairs-Netzwerke lediglich themenspezifische Akteurskonstellationen, nicht aber institutionelle Kontextfaktoren abbilden. Diese müssen als Determinanten gesondert erfasst und beschrieben werden.

Abbildung 34: Individualattribute des Corporate Public Affairs Netzwerkes.

		Knotenvariablen des Netzwerkmodells - Individualattribute -		
Inhalte	Issues-Management und Public-Policy-Analysis	Issues	Impact	High/Medium/Low Impact
			Urgeny	High/Medium/Low Urgency
			Scope	Singuläre Issue – Komplexe Issue
		Policies	Policy Level	• International • Supranational • National • Subnational
			Policy Arena	• z.B. Politikfeld Energie und Umwelt
			Reifegrad	• Prälegislative Phase • Legislative Phase • Postlegislative Phase
			Programmform	• Regulatives Programm • Distributives Programm • Kommunikatives & Persuasives Programm
			Regulierungstypus	• Regulierung • De-Regulierung • Re-Regulierung • Selbstregulierung • Ko-Regulierung • Fremdregulierung
Akteure	Stakeholdermanagement	Externe Stakeholder	Policy Level	• siehe oben
			Policy Arena	• z.B. Politikfeld Umwelt
			Power	• High/Medium/Low Power
				• Coercive • Utalitarian • Normative
			Legitimacy	• High/Medium/Low Legitimacy
				• Individual • Organizational • Societal
			Urgency	• High/Medium/Low Urgency
		Interne Stakeholder	N/A	

101

6 Neue Perspektiven für die Public Affairs Forschung

Globalziel dieser Arbeit war es, eine dezidiert relationale Perspektive auf den Untersuchungsgegenstand der politischen Unternehmenskommunikation zu erarbeiten und diese möglichst umfassend interdisziplinär theoretisch zu fundieren. In Kapitel 2 wurden dabei in einem ersten Schritt der Modellkonstruktion begriffliche Grundlagen geklärt und das zentrale Konstrukt der Thesis vorgestellt. Kapitel 3 wiederum widmete sich der Rekonstruktion und Problematisierung des Forschungsstandes in Bezug auf das theoretische Erkenntnisinteresse der Arbeit. Kapitel 4 beschrieb und fundierte anschließend in einem zweiten Schritt die beiden für die Arbeit zentralen Konstruktdimensionen Akteure und Inhalte und griff dabei auf die Erkenntnisse des Issues- und Stakeholdermanagement sowie der Politikfeldanalyse zurück. Am Ende stand ein lineares Stakeholderinteraktionsmodell, welches beide Konstruktdimensionen in sich vereinte und den Anknüpfungspunkt für die relationale Perspektive auf Internationales Corporate Public Affairs Management lieferte. Kapitel 5 wiederum befruchtete in einem dritten und letzten Schritt eben dieses lineare Modell mit den theoretischen und methodischen Grundlagen des Netzwerkansatzes. Am Ende von Kapitel 5 stand dann das im Rahmen dieser Arbeit neu geschaffene Public-Affairs-Netzwerkmodell, dass es erstmals möglich macht, kommunikative Einflussbeziehungen von Organisationen zu erfassen, abzubilden und zu analysieren und damit einen neuen, dezidiert relationalen Blick auf die strategische politische Kommunikation von Wirtschaftsakteuren wirft.

Die *Funktionen* dieses Public-Affairs Netzwerkmodells lassen sich in Anlehnung an die Ausführungen von Brandes und Schneider (2009) in einer Trias wie folgt beschreiben:

(1) Das CPA-Netzwerk als *Metapher:* In seiner Funktion als Sprachbild ist das Netzwerk dazu in der Lage, komplexe Zusammenhänge und die wesentlichen Funktionsprinzipien der politischen Unternehmenskommunikation in anschaulicher Weise darzustellen und die auf den Gegenstand geworfene relationale Perspektive sprachlich festzuhalten. Zwar geht

das metaphorische Konstrukt nicht mit der Systematik und Präzision eines Modelles einher, dennoch liefert es mit seiner Prägnanz und den mit dem Netzwerkbegriff verknüpften Assoziation einen zentralen Beitrag zum Verständnisfortschritt. Dabei sind zwei Teilaspekte besonders hervorzuheben: Zum einen liegt hier die Vorstellung von Relationen als Flüsse, d.h. Kommunikationsinfrastrukturen, über die entsprechende Informationen zu- oder abfließen zugrunde. Zum anderen werden Relationen als Wege bzw. Zugangsinfrastrukturen verstanden über die bei Anspruchsgruppen versucht wird Einfluss geltend zu machen.

(2) Das CPA-Netzwerk als *Visualisierung:* In seiner Funktion als Visualisierung ist das CPA-Netzwerk ein Realbild (Grafik), das in abstrakter Form die von CPA gestalteten Beziehungen zum politisch-administrativen System unmittelbar, umfassend und in einer auch für Fachfremde verständlichen Form optisch greifbar macht. Damit können rein visuell komplexe Sachverhalte wie politische Unternehmenskommunikation kompakt wiedergegeben und der mnemonische Wert theoretischer Aussagen gesteigert werden.

(3) Das CPA-Netzwerk als *Modell:* In seiner Funktion als Modell gibt das CPA-Netzwerk wesentliche Elemente und Zusammenhänge der politischen Kommunikation Multinationaler Unternehmen wieder. Im Gegensatz zum Sprachbild wird hierdurch zusätzlich eine klare, präzise und über die reine Deskription hinausgehende analytische Perspektive auf den Gegenstand geworfen. Als Forschungsheuristik ermöglicht es nicht nur, politikbezogene Stakeholderkommunikation theoretisch zu fundieren und konzeptionell zu fassen, sondern darüber hinaus kommunikative Einflussbeziehungen auf empirischem Wege zu rekonstruieren. Dabei kann sowohl eine atomische, als auch holistische Perspektive eingenommen werden. Es können einerseits einzelne themenzentrierte Stakeholdernetzwerke beschrieben und untersucht, oder der analytische Blick auf singuläre Themen oder Anspruchsgruppen gerichtet werden. Anderseits lässt sich auch die Gesamtmenge, d.h. Summe beliebiger themenzentrierter Stakeholderinteraktionen erfassen und damit das gesamte Netzwerk für einen vordefinierten politischen Raum erheben.

Für die *Anwendung* ergeben sich hierdurch vielfältige Möglichkeiten. So lässt sich das Modell in akademischer Hinsicht beispielsweise als Analyse- und

Erhebungsmodell für das politische Themen- und Anspruchsgruppenmanagements beliebiger Organisationen verwerten. In praktischer Hinsicht wiederum lässt es sich als Monitoring- und Steuerungsinstrument verwerten. Prinzipiell denkbar wäre es mit Hilfe von Umfragen Informationen in wichtigen Märkten abzufragen, diese anschließend aufzubereiten und zu interpretieren, um so konkrete Handlungsempfehlungen für das internationale Themenmanagement zu formulieren (Monitoring oder Screening). Bei all der Euphorie darf aber nicht vergessen werden, dass sich einige *Schwachstellen* wie ein roter Faden durch das Werk ziehen. So beschränkt sich die Arbeit auf den Interaktions- und Kommunikationsmodus informationeller Transaktionen und blendet andere Tauschgüter (z.B. Sponsoring, Eventeinladungen, Jobversprechen etc.) vollkommen aus. Außerdem wurden Informationsbeziehungen zwischen internen und externen Stakeholdern nicht weiter differenziert und keine Attribute interner Stakeholder mit einbezogen. Hinzu kommt, dass die Konzepte und Variablen rein theoretisch hergeleitet wurden und deshalb etwaige Probleme bei der Operationalisierung nicht ausgeschlossen werden können.

Weiterentwicklungspotential besitzt das Modell dahingehend, dass es sich in seiner Grundform (themenspezifische Stakeholderinteraktion) auf beliebige andere anspruchsgruppenorientierte Kommunikationsfunktionen (z.B. CSR, PR, Marketing etc.) und auf mehr als nur Multinationale Unternehmen übertragen lässt. Es müssten lediglich je der inhaltliche Gegenstandsbereich nachdefiniert und die Interaktionspartner hinsichtlich ihrer Typizität und Merkmale sowie Relationsinhalte an die jeweilige Forschungsfrage angepasst werden. Bleibt man hingegen beim CPA-Netzwerkmodell selbst, wäre es beispielsweise denkbar weitere Theorienkomplexe wie beispielsweise die Ressourcentheorie (RBV), die Sozialkapitaltheorie oder die soziologische Rollentheorie fruchtbar zu machen und hier konzeptionelle Querverbindungen noch stärker aufzuarbeiten. Es würde sich überdies anbieten, die Unterschiede zwischen externen und internen Kommunikationsprozessen noch stärker herauszuarbeiten, Attribute für die Klassifizierung interner Stakeholder zu finden, oder beispielsweise rollenbasierte Positionsmuster zu eruieren (z.B. issue-supporter, issue-opponent, policy-enterpreneur etc.). Auch wäre eine Abweichung von der analytischen Fokussierung auf korporative Akteure denkbar. Man könnte mit dem Analysemodell theoretisch auch interpersonelle Netzwerke verschiedenster Public-Affairs-Manager erfassen und vergleichen.

Für die *methodische Umsetzung* bieten sich beispielsweise komparative Fallstudien an. Deren Tiefendeskriptionsleistung ermöglicht es viele Variablen zu behandeln und multikategoriale Vergleiche (über Länder, politische Räume oder bestimmte Themen hinweg) anzustellen. Mithilfe explorativer Designs wäre man zudem in der Lage weitere theoretische Beiträge zur Modelloptimierung zu leisten. Auch wenn dabei dynamische Netzwerkanalysen auf Longitudinaldatenbasis prinzipiell wünschenswert wären, dürfte eine solche Erhebung angesichts temporaler und fiskalischer Restriktionen nur in wenigen Fällen möglich sein. Forschungspragmatische Erwägungen sprechen viel eher für fokussierte Querschnitterhebungen in ausgewählten Märkten. Bei dem Erhebungsverfahren selbst empfehlen sich wiederum voll- bis teilstandardisierte schriftliche Befragungen und Dokumentenanalysen. Weil im Modell nur Ego-Alteri-Dyaden abgebildet werden, könnte man darüber hinaus unter Anwendung von Proxy-Interviews (sogen. Cognitive-Social-Stucture-Interviewverfahren) mit geringem Ressourcenaufwand entsprechend viele Netzwerke erheben. Prinzipiell ließen sich außerdem gängige netzwerkanalytische Maßzahlen mit den bei Punkt 2.2 vorgestellten Schnittstellenkonzepten verbinden (z.B. Degree of Connection des Ego mit Window-In und Window-Out oder Heterogenitätsmaße und Reichweitenmaße mit Boundary-Spanning). Egal für welchen empirischen Weg man sich schlussendlich entscheidet, das hier vorgestellte theoretische Modell bietet vielfältige analytische Optionen und leistet damit einen wichtigen Beitrag für die Modellentwicklung im Feld der Politische Kommunikationsforschung.

7 Literaturverzeichnis

Achleitner, P. M. (1985). *Soziopolitische Strategien multinationaler Unternehmungen.* Bern: Haupt-Verlag.

Albrecht, S. (2010). Netzwerke und Kommunikation. Zum Verhältnis zweier sozial-wissenschaftlicher Paradigmen. In C. Stegbauer, *Netzwerkanalyse und Netzwerktheorie* (2. Ausg., S. 165–178). Wiesbaden: VS-Verlag.

Althaus, M. (2004). Public Affairs und Public Relations – Ungleiche Schwestern. *DIPApers 03. Wissenschaftliche Studien und Positionen zur Praxis*, S. 2–21.

Althaus, M., Geffken, M., & Rawe, S. (2005). *Handlexikon Public Affairs.* Münster: Lit Verlag.

Amborn, H. (1992). Strukturalismus. Theorie und Methode. In H. Fischer, *Ethnologie. Einführung und Überblick* (3. Ausg., S. 337–365). Berlin: Dietrich Reimer Verlag.

Anderson, J. E. (2011). *Public Policymaking* (7. Ausg.). Boston: Wadsworth.

Andrews, P. (1987). *Public Affairs Evaluation in Large U.S. Corporations: Criteria, Structure, and Development.* Dissertation, Boston University School of Management.

Ansoff, I. H. (1980). Strategic Issue Management. *Strategic Management Journal, 1* (2), S. 131–148.

Arlt, H.-J. (2001). Zwischen Öffentlichkeiten und Geschlossenheiten. Herr HättIch und Frau WolltIch als Issues Manager unterwegs. In U. Röttger, *Issues Management. Theoretische Konzepte und Praktische Umsetzung. Eine Bestandsaufnahme* (S. 125–137). Wiesbaden: Westdeutscher Verlag.

Armstrong, R. (1981). Public Affairs vs. Public Relations. *Public Relations Quarterly, 25* (3), S. 26.

Arrington, C. B., & Sawaya, R. N. (1984). Managing Public Affairs: Issues Management in an uncertain Environment. *California Management Review, 26* (4), S. 148–160.

Askew, P. (1998). Stakeholderism in Practice. A market-led View. *Journal of Communication Management, 2* (3), S. 244–250.

Avenarius, C. B. (2010). Starke und Schwache Beziehungen. In C. Stegbauer, & R. Häußling, *Handbuch Netzwerkforschung* (S. 99–111). Wiesbaden: VS-Verlag.

Bartlett, C. A., & Ghoshal, S. (1998). *Managing Across Borders. The Transnational Solution* (2. Ausg.). Boston: Harvard Business Review Press.

Baumgarten, B., & Lahusen, C. (2006). Politiknetzwerke – Vorteile und Grundzüge einer qualitativen Analysestrategie. In B. Hollstein, & F. Straus, *Qualitative Netzwerkanalyse. Konzepte, Methoden, Anwendungen* (S. 177–197). Wiesbaden: VS-Verlag.

Baysinger, B. D., & Woodman, R. W. (1982). Dimensions of the Public Affairs/Government Relations Function in Major American Corporations. *Strategic Management Journal, 3* (1), S. 27–41.

Bender, G., Reulecke, L., & Ledwon, M. D. (2003). *Handbuch des deutschen Lobbyisten. Wie ein modernes und transparentes Politikmanagement funktioniert* (2. Ausg.). Frankfurt a.M.: FAZ Buch.

Bentele, G. (2007). Legitimität der politischen Kommunikation? In J. Rieksmeier, *Praxisbuch: Politische Interessenvermittlung. Instrumente – Kampagnen- Lobbying* (S. 13–21). Wiesbaden: VS-Verlag.

Bentele, G., & Nothaft, H. (2010). Issues Management. In G. Bentele, H.-B. Brosius, & O. Jarren, *Lexikon Kommunikations- und Medienwissenschaft* (S. 114–115). Wiesbaden: VS-Verlag.

Bentele, G., & Nothaft, H. (2013). Public Affairs. In G. Bentele, H.-B. Brosius, & O. Jarren, *Lexikon Kommunikations- und Medienwissenschaft* (2. Ausg., S. 281). Wiesbaden: VS-Verlag.

Bentele, G., & Nothaft, H. (2013). Corporate Communications. In G. Bentele, H.-B. Brosisus, & J. Otfried, *Lexikon Kommunikations- und Medienwissenschaft* (2. Ausg., S. 348–349). Wiesbaden: VS-Verlag.

Bentele, G., & Rutsch, D. (2001). Issues Mangement in Unternehmen: Innovation oder alter Wein in neuen Schläuchen? In U. Röttger, *Issues Management. Theoretische Konzepte und Praktische Umsetzung. Eine Bestandsaufnahme* (S. 141–160). Wiesbaden: Westdeutscher Verlag.

Berg, N., & Holtbrügge, D. (2001). Public Affairs Management Activities of German Multinational Corporations in India. *Journal of Business Ethics, 30* (1), S. 105–119.

Berg, N. (2003). *Public Affairs Management. Ergebnisse einer empirischen Untersuchung in Multinationalen Unternehmungen*. Wiesbaden: Gabler Verlag.

Berger, C. R. (2008). Lobbying. In W. Donsbach, *The International Encyclopedia of Communication* (6. Ausg., S. 2724–2728). Malden: Blackwell.

Bergner, D. (1982). The Role of Strategic Planning in International Public Affairs. *Public Relations Journals, 38* (6), S. 96–105.

Bergner, D. (1989). International Public Affairs. In K. Macharzina, & M. Welge, *Handwörterbuch Export und internationale Unternehmung* (S. 884–891). Stuttgart: Schäffer-Poeschel.

Bigelow, B., Fahey, L., & Mahon, J. F. (1991). Polical Strategy and Issue Evolution: A Framework for Analysis and Action. In K. Paul, *Contemporary Issues in Business Ethics and Politics* (S. 1–26). Lewiston: Edwin Mellen Press.

Bigelow, B., Fahey, L., & Mahon, J. (1993). A Typologie of Issue Evolution. *Business and Society, 32* (1), S. 18–29.

Bihler, U. (2007). *Public Affairs Management. Potenziale, Chancen und Entwicklungen aufgezeigt unter besonderer Berücksichtigung ökonomischer, politischer und kommunikativer Aspekte.* Dissertation, Universität Hohenheim.

Blake, D. (1981). Headquarters and Subsidiary Roles in Managing IPA: A Preliminary Investigation. In L. Otterbeck, *The Management of Headquarters-Subsidiary Relationships in Multinational Corporations* (S. 319–335). New York: St. Martins Press.

Blum, S., & Schubert, K. (2011). *Politikfeldanalyse* (2. Ausg.). Wiesbaden: VS-Verlag.

Blumentritt, T. P. (2003). Foreign Subsidiaries' Government Affairs Activities. The Influence of Managers and Resources. *Business & Society, 42* (1), S. 202–233.

Boddewyn, J. (1988). International Public Affairs. In I. Walter, & T. Murray, *Handbook of International Management* (Chap 12). New York: Wiley.

Boddewyn, J. J. (2007). The Internationalization of the Public-Affairs Function in U.S. Multinational Enterprises: Organization and Management. *Business & Society, 46* (2), S. 136–173.

Boddewyn, J. J. (2012). Beyond 'The Evolving Discipline of Public Affairs'. *Journal of Public Affairs, 12* (1), S. 98–104.

Borgatti, S. P., & Everett, M. G. (1997). Network Analysis of 2-Mode-Data. *Social Networks, 19* (1), S. 243–269.

Borgatti, S. P., & Foster, P. C. (2003). The Network Paradigm in Organizational Research: A Review and Typology. *Journal of Management, 29* (6), S. 991–1013.

Borgatti, S. P., Mehra, A., Brass, D. & Labianca, G. (2009). Network Analysis in the Social Sciences. *Science, 323* (5916), S. 892–895.

Bouquet, C., & Birkinshaw, J. (2008). Weight Versus Voices: How foreign Subsidiaries gain Attention from Corporate Headquarters. *Academy of Management Journal, 51* (3), S. 577–601.

Bräuninger, T., & König, T. (2004). Senden und Empfangen: Informationstransfer in Politiknetzwerken als Vermittlung von Verhandlungsvorschlägen. In C.H.C.A. Henning, & C. Melbeck, *Interdisziplinäre Sozialforschung. Theorie und empirische Anwendungen. Festschrift für Franz Urban Pappi* (S. 205–244). Frankfurt/New York: Campus Verlag.

Brandes, U., & Schneider, V. (2009). Netzwerkbilder: Politiknetzwerke in Metaphern, Modellen und Visualisierungen. In V. Schneider, F. Janning, P. Leifeld, & T. Malang, *Politiknetzwerke. Modelle, Anwendungen und Visualisierungen* (S. 31–58). Wiesbaden: VS-Verlag.

Brasher, H., & Lowery, D. (2006). The Corporate Context of Lobbying Activity. *Business and Politics, 8* (1), S. 1–23.

Brewer, T. L. (1992). An Issue-Area Approach to the Analysis of MNE-Government Relations. *Journal of International Business Studies, 23* (2), S. 295–309.

Bronn, P. S., & Bronn, C. (2002). Issues Management as a Basis for Strategic Orientation. *Journal of Public Affairs, 2* (4), S. 247–258.

Bryson, J. M. (2004). What to do when Stakeholders matter. Stakeholder Identification and Analysis Techniques. *Public Management Review, 6* (1), S. 21–53.

Buchholz, R. A. (1988). Adjusting Corporations to the Realities of Public Interests and Policy. In R. L. Heath, *Strategic Issues Management: How Organizations Influence and Respond to Public Interests and Policies* (S. 50–72). San-Francisco: Jossey-Bass.

Buchholz, R. A. (1992). *Business Environment and Public Policy – Implications for Management and Strategy*. Englewood Cliffs: Prentice Hall.

Buckley, P. J., & Casson, M. C. (1998). Models of the Multinational Enterprise. *Journal of International Business Studies, 29* (1), S. 21–44.

Burt, R. S. (1982). *Towards a Structural Theory of Action. Network Models of Social Structure, Perception and Action*. New York: Academic Press.

Cameron, D. (1990). Managing Public Affairs in British Industry. *Journal of General Management, 16* (2), S. 1–19.

Carroll, A. B., & Buchholtz, A. K. (1996). *Business & Society: Ethics and Stakeholder Management*. Cincinnati: Southwestern.

Carroll, A. B. (2005). Stakeholder Management. Background and Advances. In C. S. Fleisher, & P. Harris, *The Handbook of Public Affairs* (S. 501–516). London: SAGE.

Charkham, J. (1992). Corproate Governance. Lessons from Abroad. *European Business Journal, 4* (2), S. 8–16.

Chase, W. H. (1977). Public Issues Management. The New Science. *Public Relations Journal, 33* (10), S. 25–26.

Clarke, T. (1997). Measuring and Managing Stakeholder Relations. *Journal of Communication Management, 2* (3), S. 211–221.

Clarkson, M. B. E. (1995). A Stakeholder Framework for analyzing and evaluating Corporate Social Performance. *Academy of Management Review, 20* (1), S. 92–117.

Clarkson, M. B. E. (1998). *The Corporation and it's Stakeholders: Classic and Contemporary Readings*. Toronto: University of Toronto Press.

Cook, K. S., & Whitmeyer, J. M. (1992). Two Approaches to Social Structure: Exchange Theory and Network Analysis. *Annual Review of Sociology, 18* (1), S. 109–127.

Cornelissen, J. (2005). *Corporate Communications. Theory and Practice*. Thousand Oaks: SAGE.

Crouch, C. (2011). *Das befremdliche Überleben des Neoliberalismus*. Frankfurt: Suhrkamp.

Cullen, J. B., & Parboteeah, K. P. (2014). *Multinational Management. A Strategic Approach* (6. Ausg.). Mason: South Western.

Cummings, J. L., & Doh, J. P. (2000). Identifying Who Matters: Mapping Key Players in Multiple Environments. *California Management Review, 42* (2), S. 83–104.

Cutlip, S., Center, A., & Broom, G. (1985). *Effective Public Relations* (6. Ausg.). Englewood Cliffs: Prentice Hall.

Cutlip, S., Center, A., & Broom, G. (1994). *Effective Public Relations* (7. Ausg.). Englewood Cliffs: Prentice Hall.

Dagger, S., Greiner, C., Leinert, K., Meliß, N., & Menzel, A. (2004). *Politikberatung in Deutschland*. Wiesbaden: VS-Verlag.

De Bussy, N., & Ewing, M. (2007). The Stakeholder Concept and Public Relations. Tracking the parallel Evolution of two Literatures. *Journal of Communication Management, 2* (3), S. 222–229.

Dennis, L. B. (1995). *Practical Public Affairs in an Era of Change. A Communications Guide for Business, Government, and College.* Lanham: University Press of America.

DeSanto, B. J. (2001). Public Affairs: An American Perspective. *Journal of Public Affairs, 1* (1), S. 38–43.

Dogan, G., Van Assen, M. A.L.M., Van de Rijt, A., & Buskens, V. (2008). The Stability of Exchange Networks. *Social Networks, 31* (1), S. 118–125.

Donaldson, T., & Preston, L. E. (1995). The Stakeholder Theory of the Corporation: Concepts, Evidence, and Implications. *The Academy of Management Review, 20* (1), S. 65–91.

Dozier, D. M., & White, J. (1992). Public Relations and Management Decision Making. In J. Grunig, *Excellence in Public Relations and Communication Management* (S. 91–108). Hillsdale: Lawrence Erlbaum.

DPRG. (2014). *Public Affairs.* Abgerufen am 5. Juli 2014 von http://www.dprg.de/profile/public-affairs/4.

Drogendjik, R. (2003). The Public Affairs of Internationalisation: Balancing Pressures from multiple Environments. *Journal of Public Affairs, 4* (1), S. 44–55.

Drope, J. M., & Hansen, W. L. (2006). Does Firm Size Matter? Analyzing Business Lobbying in the United States. *Business and Politics, 8* (2), S. 1–17.

Dunning, J. H., & Lundan, S. M. (2008). *Multinational Enterprises an the Global Economy* (2. Ausg.). Cheltenham: Edward Elgar Publishing.

Dutton, J. E., & Ottensmeyer, E. (1987). Strategic Issue Management Systems: Forms, Functions, and Contexts. *Academy of Management Review, 12* (2), S. 355–365.

Dyllick, T. (1990). *Management der Umweltbeziehungen: öffentliche Auseinandersetzung als Herausforderung.* Wiesbaden: Gabler-Verlag.

Dyllick, T., & Meyer, A. (2002). Kommunikationsmanagement. In R. Dubs, D. Euler, & S. J. Rüegg-Stürm, *Einführung in die Managementlehre* (S. 117–145). Bern: Haupt-Verlag.

Edelhoff, J. (2007). *Räumliche Nähe als Erfolgsfaktor von Public Affairs Agenturen.* Hamburg: Grin-Verlag.

Eden, C., & Ackermann, F. (1998). *Making Strategy: The Journey of Strategic Management*. London: SAGE.

Escher, K. (2003). Unternehmenslobbying. Studie zur politischen Kommunikation der BASF. In T. Leif, & R. Speth, *Die stille Macht. Lobbyismus in Deutschland* (S. 98–114). Wiesbaden: Westdeutscher Verlag.

Fassin, Y. (2009). The Stakeholder Model Refined. *Journal of Business Ethics, 84* (1), S. 113–135.

Faulstrich, W. (2001). *Grundwissen Öffentlichkeitsarbeit*. München: Fink-Verlag.

Femers, S., Klewes, J., & Lintermeier, K. (2007). The 'Life of an Issue' and Approaches to its Control. *Journal of Communication Management, 4* (3), S. 253–265.

Fleisher, C., & Blair, N. (1999). Tracing the Parallell Evolution of Public Affairs and Public Relations. *Journal of Communication Management, 3* (3), S. 276–292.

Fleisher, C. S. (2003). The Development of Competencies in International Public Affairs. *Journal of Public Affairs, 3* (1), S. 76–82.

Fleisher, C. S. (2005). The Global Development of Public Affairs. In C. S. Fleisher, & P. Harris, *The Handbook of Public Affairs* (S. 5–31). London: SAGE.

Fleisher, C. S. (2010). Five Deades on the Periphery. Examining International Public Affairs Through Strategic Lenses. *International Studies of Management & Organisation, 40* (4), S. 82–93.

Freeman, E. R. (1984). *Strategic Management. A Stakeholder Approach*. Cambridge: University Press.

Freeman, E. R. (2004). The Stakeholder Approach Revisited. *Zeitschrift für Wirtschafts- und Unternehmensethik, 5* (3), S. 228–254.

Freeman, E. R., Harrison, J. S., Wicks, A. C., Parmar, B. L., & De Colle, S. (2010). *Stakeholder Theory. The State of the Art*. New York: Cambridge University Press.

Friemel, T. (2005). Die Netzwerkanalyse in der Publizistikwissenschaft. *Anwendungen Sozialer Netzwerkanalyse. Tagungsbericht. Züricher Politik & Evaluationsstudien Nr. 3*, (S. 25–36). Zürich: Universitätsverlag.

Friemel, T. N. (2010). Netzwerkanalytische Methoden zur Identifikation von Kommunikationsrollen. In C. Stegbauer, *Netzwerkanalyse und Netzwerktheorie* (S. 179–190). Wiesbaden: VS-Verlag.

Fuchs, D., & Lederer, M. (2007). The Power of Business. *Business and Politics, 9* (3), S. 1–17.

Galaskiewicz, J. (1985). Interorganizational Relations. *Annual Review of Sociology, 11* (1), S. 281–304.

Gohl, C. (2004). Eine gut beratene Demokratie ist eine gut beratene Demokratie. In S. Dagger, C. Greiner, & K. Leinert, *Politikberatung in Deutschland – Praxis und Perspektiven* (S. 200–215). Wiesbaden: VS-Verlag.

Gollner, A. B. (1984). *Social Change and Corporate Strategy: The Expanding Role of Public Affairs.* Washington, DC: Issue Action Publications.

Goodpastor, K. E. (1991). Business Ethics and Stakeholder Analysis. *Business Ethics Quarterly, 1* (1), S. 53–57.

Granovetter, M. (1973). The Strenght of Weak Ties. *American Journal of Sociology,* 78 (6), S. 1360–1380.

Granovetter, M. (1974). Getting a Job: A Study of Contacts and Careers. Chicago: University of Chicago Press.

Granovetter, M. (1985). Economic Action and Social Structure: The Problem of Embeddedness. *American Journal of Sociology, 91* (3), S. 481–510.

Greven, M. (2009). *Public Affairs – Wie strategische Unternehmenskommunikation den Dialog zwischen Wirtschaft und Politik fördert.* Dissertation, Friedrich-Wilhelms-Universität Bonn.

Griffin, J. J., Fleisher, C. S., Brenner, S. N., & Boddewyn, J. J. (2001a). Corporate Public Affairs Research: Chronological Reference List. Part 1: 1985–2000. *Journal of Public Affairs, 1* (1), S. 9–32.

Griffin, J. J., Fleisher, C. S., Brenner, S. N., & Boddewyn, J. J. (2001b). Corporate Public Affairs Research: Chronological Reference List. Part 2: 1958–1984. *Journal of Public Affairs, 1* (2), S. 169–186.

Griffin, J. J., & Dunn, P. (2004). Corporate Public Affairs: Commitment, Resources, and Structure. *Business & Society, 43* (1), S. 196–220.

Griffin, J. J. (2005). The Empirical Study of Public Affairs: A Review and Synthesis. In P. Harris, & C. S. Fleisher, *The Handbook of Public Affairs* (S. 458–480). London: SAGE.

Grunig, J. E., & Hunt, T. (1984). *Managing Public Relations.* New York & Chicago: Wadsworth.

Gulati, R., Dialdin, D. A., & Wang, L. (2005). Organizational Networks. In J. A. Baum, *Companion to Organizations* (2. Ausg., S. 281–303). Oxford: Blackwell.

Hainsworth, B. E., & Meng, M. (1988). How Corporations Define Issues Management. *Public Relations Review, 14* (4), S. 18–29.

Haller, W., & Kölz, A. (2004). *Allgemeines Staatsrecht* (3. Ausg.). München, Basel: Helbing & Lichtenhang Verlag.

Hansen, U., Bode, M., & Moosmayer, D. (2004). Stakeholder Theory between General and Contetual Approaches – A German View. *Zeitschrift für Wirtschafts- und Unternehmensethik, 5* (3), S. 242–254.

Hansen, W. L., & Mitchell, N. J. (2000). Disaggregating and Explaining Corporate Political Activity: Domestic and Foreign Corporations in National Politics. *American Political Science Review, 94* (4), S. 891–903.

Hansen, W. L., Mitchell, N. J., & Drope, J. M. (2005). The Logic of Private and Collective Action. *American Journal of Political Science, 49* (1), S. 150–167.

Harris, P., & Moss, D. (2001). In Search of Public Affairs. A Function in Search of an Identity. *Journal of Public Afffairs, 1* (2), S. 102–110.

Hawkinson, B. (2005). The Internal Environment of Public Affairs: Organization, Process, and Systems. In P. Harris, & C. S. Fleisher, *The Handbook of Public Affairs* (S. 76–85). London: SAGE.

Heath, R. L. (1990). Corporate Issues Management. Theoretical Underpinnings and Research Foundations. *Public Relations Research Annual, 2* (1–4), S. 29–65.

Heath, R. L. (2002). Issues Management: Its Past, Present and Future. *Journal of Public Affairs, 2* (4), S. 209–214.

Heath, R. L. (2008). Public Afffairs. In W. Donsbach, *The International Encyclopedia of Communication* (9. Ausg., S. 3943–3947). Malden: Blackwell.

Heclo, H. (1978). Issue Networks and the Executive Establishment. In A. King, *The New American Political System* (S. 87–124). Washington D.C.: American Enterprise Institute for Public Policy Research.

Heinze, R. (2009). Staat und Lobbyismus. Vom Wandel der Politikberatung in Deutschland. *Zeitschrift für Politikberatung, 2* (1), S. 5–25.

Herger, N. (2001). Issues Management als Steuerungsprozess der Organisationskommunikation. In U. Röttger, *Issues Management. Theoretische Konzepte und Praktische Umsetzung. Eine Bestandsaufnahme* (S. 79–101). Wiesbaden: Westdeutscher Verlag.

Heugens, P. M. A. R. (2005). Issues Management. Core Understandings and Scholarly Development. In P. Harris, & C. S. Fleisher, *The Handbook of Public Affairs* (S. 481–500). London: SAGE.

Hillman, A. J. (2002). Public Affairs, Issues Management and Political Strategy. Methodological Issues That Count – A different View. *Journal of Public Affairs, 1* (4), S. 356–361.

Hillman, A. J., Keim, G. D., & Schuler, D. (2004). Corporate Political Activity: A Review and Research Agenda. *Journal of Management* (30), S. 837–857.

Hirschman, A. O. (1970). *Exit, Voice, and Loyalty*. Cambridge and London: Harvard University Press.

Hoffmann, J., Steiner, A., & Vogel, M. (2007). Moderne Public Affairs versus traditionelle Interessenvertretung? Agenturen, Unternehmen und Verbände der politischen Kommunikation. *Österreichische Zeitschrift für Politikwissenschaft, 36* (4), S. 425–443.

Holcomb, J. M. (2005). Public Affairs in North America. US Origins and Development. In P. Harris, & C. S. Fleisher, *The Handbook of Public Affairs* (S. 31–49). London: SAGE.

Holtbrügge, D., Berg, N., & Puck, J. F. (2007). To Bribe or to Convince? Political Stakeholders and Political Activities in German Multinational Corporations. *International Business Review, 16* (1), S. 47–67.

Holzer, B. (2008). Turning Stakeseekers Into Stakeholders. A Political Coalition Perspective on the Politics of Stakeholder Influence. *Business & Society, 47* (1), S. 50–67.

Holzer, B. (2010). *Netzwerke* (2. Ausg.). Bielefeld: Transcript-Verlag.

Howlett, M., Ramesh, M., & Perl, A. (2009). *Studying Public Policy: Policy Cycles & Policy Subsystems*. Oxford: University Press.

Hrebenar, R. J., & Bryson, M. B. (2009). *Lobbying in America*. Santa Barbara: ABC-CLIO.

Hula, K. W. (2007): Lobbying Together. Interest Group Coalitions in Legislative Politics. Washington: Georgetown University Press.

Husen, P. (2013). *Professionelle Lobby/Public-Affairs Agenturen: Neue Formen der Interessenvertretung auf EU-Ebene*. Hamburg: Grin-Verlag.

Husted, T., Veit, S., & Fleischer, J. (2010). Wissen ist Macht? Wissenschaftliche Politikberatung der Bundesregierung. *Aus Politik und Zeitgeschichte* (19), S. 15–21.

Ihlen, O., & Berntzen, O. (2007). When Lobbying Backfires: Balancing Lobby Efforts with Insights from Stakeholder Theory. *Journal of Communication Management, 11* (3), S. 235–246.

Imhof, K., & Eisenegger, M. (2001). Issue Monitoring: Die Basis des Issues Managements. Zur Methodik der Früherkennung organisationsrelevanter Umweltentwicklungen. In U. Röttger, *Issues Management. Theoretische Konzepte und Praktische Umsetzung. Eine Bestandsaufnahme* (S. 257–278). Wiesbaden: Westdeutscher Verlag.

Ingenhoff, D. (2004). *Corporate Issues Management in multinationalen Unternehmen*. Wiesbaden: VS-Verlag.

Irion, M. S., & Marcus, A. A. (1987). The Continued Growth of the Corporate Public Affairs Function. *The Academy of Management Executive, 1* (3), S. 247–250.

Jann, W., & Wegrich, K. (2003). Phasenmodelle und Politikprozesse: Der Policy-Cycle. In K. Schubert, & N. Bandelow, *Lehrbuch der Politikfeldanalyse* (S. 71–104). München: Oldenbourg.

Janning, F., & Toens, K. (2007). *Die Zukunft der Policy-Forschung. Theorien, Methoden und Anwendungen*. Wiesbaden: VS-Verlag.

Janning, F., Leifeld, P., Malang, T., & Schneider, V. (2009). Diskursnetzwerkanalyse. Überlegungen zur Theoriebildung und Methodik. In V. Schneider, *Politiknetzwerke. Modelle, Anwendungen und Visualisierungen* (S. 59–92). Wiesbaden: VS-Verlag.

Jansen, D. (1995). Interorganisationsforschung und Politiknetzwerke. In D. Jansen, & K. Schubert, *Netzwerke und Politikproduktion. Konzepte, Methoden, Perspektiven* (S. 95–110). Marburg: Schüren.

Jansen, D. (2006). *Einführung in die Netzwerkanalyse. Grundlagen, Methoden, Forschungsbeispiele*. (3. Ausg.). Wiesbaden: VS-Verlag.

Jaques, T. (2004). Issue Definition. The neglected Foundation of effective Issue Management. *Journal of Public Affairs, 4* (2), S. 191–200.

Jarren, O., & Donges, P. (2008). Regulierung. In L. Hachmeister, *Grundlagen der Medienpolitik. Ein Handbuch* (S. 338–342). München: Deutsche Verlags-Anstalt.

Johnson, G., Scholes, K., & Whittington, R. (2002). *Exploring Corporate Strategy* (6. Ausg.). Harlow: Pearson Education.

Jones, B., & Chase, W. (1979). Managing Public Policy Issues. *Public Relations Review, 5* (2), S. 3–23.

Jones, C. O. (1970). *An Introduction to the Study of Policy Making.* Belmont: Wadsworth Publishing.

Köcher, E., & Birchmeier, A. (1992). *Public Relations? Public Relations! Konzepte, Instrumente und Beispiele für erfolgreiche Unternehmenskommunikation.* Zürich: Industrielle Organisation.

König, J.-G. (1999). *Alle Macht den Konzernen.* Reinbek: Rohwohlt.

Köppl, P. (2000). *Public Affairs Management. Strategien und Taktiken erfolgreicher Unternehmenskommunikation.* Wien: Linde-Verlag.

Köppl, P. (2003). *Power Lobbying: Das Praxishandbuch der Public Affairs: Wie professionelles Lobbying die Unternehmenserfolge absichert und steigt.* Wien: Linde Verlag.

Kürsten, W. (2000). Shareholder Value – Grundelemente und Schieflagen einer polit-ökonomischen Diskussion aus finanztheoretischer Sicht. *Zeitschrift für Betriebswitschaft, 70* (3), S. 359–381.

Kenis, P., & Schneider, V. (1992). Policy Networks and Policy Analysis. Crunting a New Toolbox. In B. Marin, & R. Mayntz, *Policy Networks. Empirical Evidence and Considerations* (S. 25–61). Frankfurt a.M.: Campus Verlag.

Kinnunen, R.-M. (2009). *Multinational Corporation's Headquarters- Subsidiary Relationship: a Potential Barrier to Internationalisation. A Nordic-Asian Case Study.* Unveröffentlichte Master-Thesis, HANKEN Swedish School of Economics and Business Adminstration.

Knill, C., & Schäfer, A. (2011). Policy-Netzwerke. In J. Weyer, *Netzwerke. Konzepte und Methoden der sozialwissenschaftlichen Forschung* (2. Ausg, S. 189–218).

Knoke, D., & Yang, S. (2008). *Social Network Analysis* (2. Ausg.). Thousand Oaks: SAGE.

Kollman, K. (1998). *Outside Lobbying: Public Opinion & Interest Group Strategies.* Princeton: Princeton University Press.

Kretschmer, H., & Wiebke, E. (2007). Issues Management. In J. Rieksmeier, *Praxisbuch politische Interessenvertretung* (S. 89–94). Wiesbaden: VS-Verlag.

Kuhn, M., Kalt, G., & Kinter, A. (2003). *Chefsache Issues Management. Ein Instrument zur strategischen Unternehmensführung. Grundlagen, Praxis, Trends.* Frankfurt am Main: FAZ Institut Verlag.

Kunczik, M. (2010). *Public Relations, Konzepte und Theorien* (5. Ausg.). Böhlau: UTB.

Lösche, P. (2006). Lobbyismus als spezifische Form der Politikberatung. In S. Falk, Rehfeld, D, A. Römmele, & M. Thunert, *Handbuch Politikberatung* (S. 334–342). Wiesbaden: VS-Verlag.

Lösche, P. (2012). Lobbyismus – Gefährdung oder Stärkung der parlamentarischen Demokratie? In G. Göhler, C. Schmalz-Jacobsen, & C. Walther, *Public Affairs. Die neue Welt des Lobbyismus* (S. 9–18). Frankfurt a.M.: Peter Lang Verlag.

Lütgens, S. (1998). Issues Management. Analyse und Weiterentwicklung eines Konzeptes zur strategischen Ausrichtung von Public Relations, unter besonderer Berücksichtigung der praktsichen Anwendungsmöglichkeiten der Scanning- und Monitoring-Funktion zur Identifizierung von Issues. Dissertation, Universität Salzburg.

Lütgens, S. (2001). Das Konzept des Issues Managements. Paradigma strategischer Public Relations. In U. Röttger, *Issues Mangement. Theoretische Konzepte und Praktische Umsetzung. Eine Bestandsaufnahme.* (S. 59–77). Wiesbaden: Westdeutscher Verlag.

Lütgens, S., & Schmidt, O. S. (2009). Issues Management – Quo Vadis? Schleichender Abstieg oder endgültiger Aufstieg zur Königsdisziplin? In G. Kalt, A. Kinter, & Kuhn M., *Strategisches Issue Management.* (2. Ausg., S. 61–74). Frankfurt: FAZ Buch.

Laplume, A. O., Sonpar, K., & Litz, R. A. (2008). Stakeholder Theory: Reviewing a Theory That Moves Us. *Journal of Management, 34* (6), S. 1152–1189.

Lasswell, H. D. (1956). *The Decision Process. Seven Categories of Functional Analysis.* College Park: University of Maryland Press.

Laufer, D. G. (2006). *A Practical Process Guide to Issues Management.* Washington D.C.: Foundation for Public Affairs.

Lauzen, M. M. (1997). Understanding the Relation Between Public Relations and Issues Management. *Journal of Public Relations Research, 9* (1), S. 65–82.

Lederer, A., Lomba, N., & Scheucher, C. (2005). Emerging Markets: Public Affairs in Germany and Austria. In P. Harris, & C. S. Fleisher, *The Handbook of Public Affairs* (S. 361–378). London: SAGE.

Lee, M. (2008). Public Affairs enters the US President's Subcabinet: creating the first Assistant Secretary for Public Affairs (1944–1953) and subsequent Developments. *Journal of Public Affairs, 8* (3), S. 185–194.

Leif, T., & Speth, R. (2003). Anatomie des Lobbyismus. Einführung in eine unbekannte Sphäre der Macht. In T. Leif, & R. Speth, *Die stille Macht. Lobbyismus in Deutschland.* (S. 7–32). Wiesbaden: Westdeutscher Verlag.

Lenn, D. (1996). IPA: Managing Within the Global Village. In L. Dennis, *Practical Public Affairs in an Era of Change* (S. 435–456). Lanham: University Press of America.

Lenn, D. J. (1995). International Public Affairs: Managing Within the Global Village. In L. B. Dennis, *Practical Public Affairs in an Era of Change. A Communications Guide for Business, Government, and College* (S. 435–456). New York: University Press of America.

Lerbinger, O. (2007). *Corporate Public Affairs. Interacting with Interest Groups, Media and Government.* London: LEA Publishers.

Lesly, P. (1991). *Lesly's Handbook of Public Relations and Communications* (4. Ausg.). Chicago: Probus.

Liebl, F. (1994). Issues Management. Bestandsaufnahme und Perspektiven. *Zeitschrift für Betriebswirtschaft, 64* (3), S. 359–383.

Liebl, F. (2000). *Der Schock des Neuen. Entstehung und Management von Issues und Trends.* München: Murmann Verlag.

Littlejohn, S. E. (1986). Competition and Cooperation. New Trends in Corporate Public Issue Identification and Resolution. *California Management Review, 29* (1), S. 109–123.

Logan, E. B. (1929). Lobbying. *Annals of the American Academy of Political and Social Science, Supplement to Vol. 144*, S. 1–91.

Lowery, D. (2007). Why do Organized Interests Lobby? A Multi-Goal, Multi-Contex Theory of Lobbying. *Polity, 39* (1), S. 29–54.

Lowi, T. J. (1964). American Business, Public Policy, Case Studies, and Political Theory. *World Politics, 16* (4), S. 677–715.

Lowi, T. J. (1972). Four Systems of Policy, Politics, and Choice. *Public Administration Review, 32* (4), S. 298–310.

Lusterman, S. (1985). *Manging International Public Affairs.* Conference Board Report. New York: Conference Board.

Luthardt, W. (1999). Politische Steuerung und akteurszentrierter Institutionalismus. *Swiss Political Science Review, 5* (2), S. 155–166.

Mützel, S. (2010). Neuer amerikanischer Strukturalismus. In C. Stegbauer, & R. Häußling, *Handbuch Netzwerkforschung* (S. 301–311). Wiesbaden: VS-Verlag.

Macmillan, K. (1984). Managing Public Affairs in British Industry. *Journal of General Management, 9* (2), S. 74–90.

Mahon, J. F. (1982). *The Corporate Public Affairs Office: Structure, Behavior, and Impact.* Unpublished Doctoral Thesis, Boston School of Management.

Mahon, J. F., & Waddock, S. A. (1992). Strategic Issues Management. An Integration of Issue Life Cycle Perspectives. *Business and Society, 31* (1), S. 19–32.

Mahon, J. F. (2008). Corporate Public Affairs. In R. W. Kolb, *Encyclopedia of Business Ethics and Society* (S. 496–501). Thousand Oaks: SAGE.

Malone, D. (2008). *Public Affairs Mangement als strategischer Erfolgsfaktor für international tätige Unternehmen.* Wien: Universitätsverlag.

Maloney, W. A., Jordan, G., & McLaughlin, A. M. (1994). Interest Groups and Public Policy: The Insider/Outsider Model Revisited. *Journal of Public Policy, 14* (1), S. 17–38.

Marcus, A. A., & Kaufman, A. M. (1988). The Continued Expansion of the Corporate Public Affairs Function. *Business Horizons, 31* (2), S. 58–62.

Marin, A., & Wellman, B. (2011). Social Network Analysis: An Introduction. In J. Scott, *Handbook of Social Network Analysis* (S. 11–25). London: SAGE.

Mast, C. (2013). *Unternehmenskommunikation* (5. Ausg.). Konstanz: UVK.

Mastalerek, J. (2002). *Public Affairs: Politische Unternehmenskommunikation als neuer Weg der Public Relations.* Hamburg: Grin-Verlag.

Mayntz, R., & Scharpf, F. W. (1995). Der Ansatz des akteurszentrierten Institutionalismus. In R. Mayntz, & F. W. Scharpf, *Gesellschaftliche Selbstregelung und politische Steuerung.* Frankfurt: Campus Verlag.

McGrath, C. (2005). *Lobbying in Washington, London and Brussels. The Persuasive Communication of Political Issues.* Lewiston: Edwin Mellen Press.

McGrath, C., Moss, D., & Harris, P. (2010). The Evolving Discipline of Public Affairs. *Journal of Public Affairs, 10* (4), S. 335–352.

Merkle, H. (2003). *Lobbying. Das Praxishandbuch für Unternehmen.* Darmstadt: Primus Verlag.

Merten, K. (2001). Determinanten des Issues Managements. In U. Röttger, *Issues Management: Theoretische Konzepte und Praktische Umsetzung. Eine Bestandsaufnahme* (S. 41–57). Wiesbaden: Westdeutscher Verlag.

Meznar, M. (1993). Public Affairs Management in Multinational Corporations: An Empirical Examination. Unpublished Doctoral Thesis, University of South Carolina.

Meznar, M. B., & Nigh, D. (1995). Buffer or Bridge? Environmental, and Organizational Determinants of Public Affairs Activities in American Firms. *The Academy of Management Journal, 38* (4), S. 975–996.

Meznar, M. (1996). Public Affairs in Multinational Corporations: Who Makes the Decisions? *Journal of International Management, 2* (3), S. 149–175.

Meznar, M. B. (2005). The Organization and Structuring of Public Affairs. In P. Harris, & C. S. Fleisher, *The Handbook of Public Affairs* (S. 187–196). London: SAGE.

Michalowitz, I. (2004). *EU Lobbying – Principals, Agents and Targets: Strategic Interest Intermediation in EU-Policy Making.* Berlin: Lit-Verlag.

Milbrath, L. W. (1963). *The Washinton Lobbyist.* Chicago: Rand McNally.

Milinewitsch, M. (2005). *Professionalisierung der Interessenvertretung durch externes Public Affairs Management.* Berlin, München: poli-c-books.

Miller, C. (1991). Lobbying. The Development of the Consultation Culture. In G. Jordan, *The Commercial Lobbyist* (S. 47–64). Aberdeen: University Press.

Mitchell, R. K., Bradley, R. A., & Wood, D. J. (1997). Towards a Theory of Stakeholder Identification and Salience: Defining the Principle of Who and What really counts. *Academy of Management Review, 22* (4), S. 853–886.

Mizruchi, M. S., & Galaskiewicz, J. (1993). Networks of Interorganizational Relations. *Sociological Methods & Research, 22* (1), S. 46–70.

Mono, R., Kottenstede, K., & Winteroll, E. (2011). Was erwarten Stakeholder von Unternehmen? Eine konzeptionelle und empirische Fundierung von Public Affairs. *Zeitschrift für Politikberatung, 2* (1), S. 63–72.

Moran, M., Rein, M., & Goodin, R. E. (2008). *The Oxford Handbook of Public Policy.* Oxford: University Press.

Moss, D., McGrath, C., Tonge, J., & Harris, P. (2012). Exploring the Management Function of the Corporate Public Affairs Function in a dynamic global Environment. *Journal of Public Affairs, 12* (1), S. 47–60.

Näsi, J. (1995). *Understanding Stakeholder Thinking*. Helsinki: LSR Publications.

Nigh, D., & Cochran, P. L. (1987). Issues Management and the Multinational Enterprise. *Management International Review, 27* (1), S. 4–12.

Nohlen, D., & Schultze, R.-O. (2010a). Lobbyismus. In D. Nohlen, & R.-O. Schultze, *Lexikon der Politikwissenschaft. Band 1, A-M* (4. Ausg., S. 553–554). München: C.H. Beck.

Nohlen, D., & Schultze, R.-O. (2010b). Politikberatung. In D. Nohlen, & R.-O. Schultze, *Lexikon der Politikwissenschaft. Band 2, N-Z* (S. 747–751). München: C.H. Beck.

North, D. C. (1990). *Institutions, Institutional Change and Economic Performance*. New York: Cambdridge University Press.

Nownes, A. J. (2006). *Total Lobbying. What Lobbyists Want (and How They Try to Get It)*. New York: Cambridge University Press.

Nutt, P. C., & Backoff, R. W. (1992). *Strategic Management of Public and Third Sector Organizations: A Handbook for Leaders*. San Franciso: Jossey-Bass.

Oeckl, A. (1964). *Handbuch der Public Relations. Theorie und Praxis der Öffentlichkeitsarbeit in Deutschland und der Welt*. München: Süddeutscher Verlag.

Olfe-Kräutlein, B. (2012). *Public Affairs in der deutschen Hauptstadt*. Dissertation, Freie Universität Berlin.

Oliver, G., & Donelly, P. (2007). Effective Use of a Strategic Issue Management System (SIMS): combining Tools and Approach. *Journal of Public Affairs, 7* (1), S. 399–406.

Palese, M., & Crane, T. Y. (2002). Building an Integrated Issue Management Process as a Source of Sustainable Competitive Advantage. *Journal of Public Affairs, 2* (4), S. 284–292.

Pancaldi, F. (2012). The Turn to Real Actors: Achievements and Challenges for Actor-Centered Institutionalism in the Comparative Political Economy. *Paper for the XXVI Convegno SISP in Rome, 13–15 September*.

Pappi, F. U., & König, T. (1995). Informationsaustausch in politischen Netzwerken. Konzepte, Methoden, Perspektiven. In D. Jansen, & K. Schubert, *Netzwerke und Politikproduktion* (S. 111–131). Marburg: Schüren.

Pappi, F. U., & Kappelhoff, P. (1984). Abhängigkeit, Tausch und kollektive Entscheidung in einer Gemeindeelite. *Zeitschrift für Soziologie, 13* (2), S. 87–117.

Philips, R., Freeman, E. R., & Wicks, A. C. (2003). What Stakeholder Theory is Not. *Business Ethics Quarterly, 13* (4), S. 479–502.

Podnar, K., & Jancic, Z. (2006). Towards a Categorization of Stakeholder Groups: An Empirical Verification of a Three-Level-Model. *Journal of Marketing Communications, 12* (4), S. 297–308.

Polk, A. (2002). Lobbying Activities of Multinational Firms. *Zurich IEER Working Paper No. 0205.*

Post, J. (1978). *Corporate Behavior and Social Change.* Reston: Reston Publishing.

Post, J. E., Edwin, A. M. Jr., Dickie, R. B., & Mahon, J.F. (1982). The Public Affairs Function in American Corporations: Developments and Relations with Corporate Planning. *Long Range Planning, 15* (2), S. 12–21.

Post, J. E., Preston, L. E., & Sachs, S. (2002). Managing the Extended Enterprise: The New Stakeholder View. *California Management Review, 45* (1), S. 6–28.

Priddat, B. P. (2009). *Politik unter Einfluss: Netzwerke, Öffentlichkeiten, Beratungen, Lobby.* Wiesbaden: VS-Verlag.

Priddath, B. P., & Speth, R. (2007). Das neue Lobbying von Unternehmen: Public Affairs. *Arbeitspapier 145 der Hans Böckler Stiftung.*

Public-Affairs-Council (2011a). *International Public Affairs Benchmarking Report.* Washington: Foundation of Public Affairs.

Public-Affairs-Council (PAC) (2011b). *The State of Corporate Public Affairs.* Washington: Foundation of Public Affairs.

Public-Affairs-Council (PAC) (2014). *Public Affairs.* Abgerufen am 5. Juli 2014 von http://pac.org/faq#WhatPA.

Röttger, U. (2001). Issues Management – Mode, Mythos oder Managementfunktion? In U. Röttger, *Issues Mangement. Theoretische Konzepte und Praktische Umsetzung. Eine Bestandsaufnahme* (S. 11–39). Wiesbaden: Westdeutscher Verlag.

Röttger, U. (2001). *Issues Management. Theoretische Konzepte und praktische Umsetzungen. Eine Bestandsaufnahme.* Wiesbaden: Westdeutscher Verlag.

Raab, J. (2010). Netzwerke und Netzwerkanalyse in der Organisationsforschung. In C. Stegbauer, & R. Häußling, *Handbuch Netzwerkforschung* (S. 575–586). Wiesbaden: VS-Verlag.

Radunski, P. (2006). Public Affairs als Politikberatung. In S. Falk, D. Rehfeld, A. Römmele, & M. Thunert, *Handbuch Politikberatung* (S. 315–321). Wiesbaden: VS-Verlag.

Ramsey, S. A. (1993). Issues Management and the Use of Technologies in Public Relations. *Public Relations Review, 19* (3), S. 261–275.

Rausch, A. (2010). Bimodale Netzwerke. In C. Stegbauer, & R. Häußling, *Handbuch Netzwerkforschung* (S. 421–432). Wiesbaden: VS-Verlag.

Rieksmeier, J. (2007). Handzwerkszeug der politischen und öffentlichen Kommunikation. In J. Rieksmeier, *Praxisbuch: politische Interessenvertretung. Instrumente – Kampagnen – Lobbying* (S. 22–26). Wiesbaden: VS Verlag.

Rowley, T. J. (1997). Moving Beyond Dyadic Ties: A Network Theory of Stakeholder Influences. *Academy of Management Review, 22* (4), S. 887–910.

Sabatier, P. A. (2007). *Theories of the Policy Process* (2. Ausg.). London: Westview Press.

Sauter-Sachs, S. (1992). Die unternehmerische Umwelt: Konzept aus der Sicht des Zürcher Ansatzes zur Führungslehre. *Die Unternehmung, 46* (3), S. 183–204.

Savage, G. T., Nix, T. W., Whitehead, C. J., & Blair, J. D. (1991). Strategies for Assesing and Managing Organizational Stakeholders. *Academy of Management Executive, 5* (2), S. 61–75.

Schönborn, G., & Wiebusch, D. (2002). *Public Affairs Agenda. Politikkommunikation als Erfolgsfaktor.* Kriftel: Luchterhand.

Schaefer, D. R. (2011). Resource Charakteristics in Social Exchange Networks. Implications for Positional Advantage. *Social Networks, 33 (1)*, S. 143–151.

Scharpf, F. W. (2006). *Interaktionsformen. Akteurszentrierter Institutionalismus in der Politikforschung.* Wiesbaden: VS-Verlag.

Scharpf, F. W., & Treib, O. (2000). *Interaktionsformen. Akteurszentrierter Institutionalismus in der Politikforschung.* Wiesbaden: VS-Verlag.

Schauerte, I. (2008). *Soziopolitische Determinanten unternehmerischer Public Affairs-Strategien. Eine empirische Untersuchung in Deutschland, Frankreich und den USA.* Dissertation, Universität Tübingen.

Schaufler, G. C. (1989). *Issues Management: Placing a New Management Concept into it's Proper PR Context*. Dissertation, Universität Salzburg.

Schauwecker, P. (2010). Unternehmen als Akteure egozentrierter Netzwerke. In C. Stegbauer, *Netzwerkanalyse und Netzwerktheorie* (2. Ausg., S. 517–527). Wiesbaden: VS-Verlag.

Schenk, M., Mohler, P. P., & Pfenning, U. (1992). Egozentrierte Netzwerke in der Forschungspraxis. *ZUMA-Nachrichten, 31* (16), S. 87–110.

Schepers, S. (2010). Business-Government-Relations: Beyond Lobbying. *Corporate Governance, 10* (4), S. 475–483.

Scherer, A. G., Palazzo, G., & Matten, D. (2014). The Businesss Firm as a Political Actor: A New Theory of the Firm for a Globalized World. *Business & Society, 53* (2), S. 143–156.

Schipanski, A. (2012). *Integrierte Unternehmenskommunikation in international tätigen Unternehmen*. Wiesbaden: Vieweg + Teubner.

Schmidt, O. S. (2001). Stand und Praxis des Issues Managements in den USA. In U. Röttger, *Issues Management. Theoretische Konzepte und Praktische Umsetzung. Eine Bestandsaufnahme* (S. 161–175). Wiesbaden: Westdeutscher Verlag.

Schneider, V., & Janning, F. (2006). *Politikfeldanalyse. Akteure, Diskurse und Netzwerke in der öffentlichen Politik*. Wiesbaden: VS-Verlag.

Schneider, V. (2009). Die Analyse politischer Netzwerke: Konturen eines expandierenden Forschungsfeldes. In V. Schneider, F. Janning, P. Leifeld, & T. Malang, *Politiknetzwerke. Modelle, Anwendungen und Visualisierungen* (S. 7–27). Wiesbaden: VS-Verlag.

Scholes, E., & James, D. (1997). Planning Stakeholder Communication. *Journal of Communication Management, 2* (3), S. 277–285.

Schubert, K. (1991). *Politikfeldanalyse. Eine Einführung*. Opladen: Leske + Budrich.

Schubert, K., & Bandelow, N. C. (2008). *Lehrbuch der Politikfeldanalyse 2.0*. München: Oldenbourg Wissenschaftsverlag.

Schubert, K. (2010a). Akteur. In D. Nohlen, & R.-O. Schultze, *Lexikon der Politikwissenschaft. Band 1 A-M* (4. Ausg., S. 8–9). München: C.H. Beck.

Schubert, K. (2010b). Politisch-adminstratives System. In D. Nohlen, & R.-O. Schultze, *Lexikon der Politikwissenschaft. Band 2 N-Z*. (4. Ausg., S. 777). München: C.H. Beck.

Schubert, K. (2010c). Policy. In D. Nohlen, & R.-O. Schultze, *Lexikon der Politikwissenschaft. Band 2, N-Z* (4. Ausg., S. 742). München: C.H. Beck.

Schuler, D. A. (2001). Public Affairs, Issues Management and Political Strategy: Methodological Approaches That Count. *Journal of Public Affairs, 1* (4), S. 336–355.

Sedült, U. (2005). Soziale Netzwerke in der Politikwissenschaft. *Anwendungen Sozialer Netzwerkanalyse. Tagungsbericht. Züricher Politik- & Evaluationsstudien Nr. 3*, (S. 9–24). Zürich: Universitätsverlag.

Shannon, C. E., & Weaver, W. (1949). *The Mathematical Theory of Communication*. Illinois: University of Illinois Press.

Showalter, A., & Fleisher, C. (2005). The Tools and Techniques of Public Affairs. In P. Harris, & C. S. Fleisher, *The Handbook of Public Affairs* (S. 109–122). London: SAGE.

Siedentopp, J. (2007). *Public Affairs Mangement von Großunternehmen. Markt- versus Nichtmarkt-strategien*. Dissertation, Freie Universität Berlin.

Siefken, S. T. (2010). Ist denn alles Politikberatung? *Politische Vierteljahresschrift, 51* (1), S. 127–136.

Speckbacher, G. (1997). Shareholder Value und Stakeholder Ansatz. *Die Betriebswirtschaft, 57* (5), S. 630–639.

Speth, R. (2013). *Grassroots-Campaigning*. Wiesbaden: VS-Verlag.

Stegbauer, C. (2010). Strukturalismus. In C. Stegbauer, & R. Häußling, *Handbuch Netzwerkforschung* (S. 291–299). Wiesbaden: VS-Verlag.

Stolzenberg, H. (2005). *Die Professionalisierung von Public Affairs in Deutschland. Eine Befragung von Public Affairs-Beratern*. Magisterarbeit, Freie Universität Berlin.

Stonley, C., & Winstanley, D. (2001). Stakeholdering: Confusion or Utopia? Mapping the Conceptual Terrain. *Journal of Management Studies, 3* (5), S. 603–626.

Suchman, M. C. (1995). Managing Legitimacy: Strategic and institutional Approaches. *Academy of Management Review, 20* (1), S. 571–610.

Thomson, S., & John, S. (2007). *Public Affairs in Practice*. London & Philadelphia: Kogan Page.

Tichy, N. M., Tushman, M. L., & Fombrun, C. (1979). Social Network Analysis for Organizations. *The Academy of Management Review, 4* (4), S. 507–519.

United Kingdom Public Affairs Council (UK PAC) (2014). *Public Affairs Services*. Abgerufen am 5. Juli 2014 von http://www.publicaffairscouncil.org.uk/en/resources/public-affairs-services.cfm.

Van Riel, C. B. M. (1995). *Principles of Corporate Communication*. Hepstead: Prentice Hall.

Van Schendelen, R. (2002). *Macchiavelli in Brussels: The Art of Lobbying the EU*. Amsterdam: University Press.

Van Waarden, F. (1992). Dimensions and Types of Policy Networks. *European Journal of Political Research, 21* (1), S. 29–52.

Vowe, G. (2013). Akteur. In G. Bentele, H.-B. Brosius, & O. Jarren, *Lexikon Kommunikations- und Medienwissenschaft* (2. Ausg., S. 15). Wiesbaden: VS-Verlag.

Würz, T. (2012). *Corporate Stakeholder Communications. Neoinstitutionalistische Perspektiven einer stakeholderorientierten Unternehmenskommunikation*. Wiesbaden: Gabler-Verlag.

Walker, G. (2007). Building an In-House Public Affairs Function. *Jorunal of Communication Management , 2* (2), S. 151–157.

Wallrabenstein, A. (2003). Public Affairs Boomtown Berlin. In M. Althaus, & V. Cecere, *Kampagne! 2. Neue Strategien für Wahlkampf, PR und Lobbying* (S. 247–435). Münster: Lit-Verlag.

Wartwick, S. L., & Mahon, J. F. (1994). Towards a Substantive Definition of the Corporate Issue Construct. A Review and Synthesis of the Literature. *Business and Society, 33* (3), S. 293–311.

Wayne, B. E., & Faulkner, R. R. (2005). Interorganizational Networks. In J. A. Baum, *Companion to Organizations* (2. Ausg., S. 58–74). Oxford: Blackwell.

Wehrmann, I. (2007). Lobbying in Deutschland – Begriffe und Trends. In R. Kleinfeld, A. Zimmer, & U. Willems, *Lobbying. Strukturen, Akteure, Strategien* (S. 36–64). Wiesbaden: VS-Verlag.

Wellman, B. (1988). Structural Analysis. From Method and Metaphor to Theory and Substance. In B. Wellman, & S. D. Berkowitz, *Social Structures. A Network Approach* (S. 19–61). New York: Cambridge University Press.

Werner, J. (2010). Politikfeldanalyse. In D. Nohlen, & R.-O. Schultze, *Lexikon der Politikwissenschaft. Band 2, N-Z* (4. Ausg., S. 754–759). München: C.H. Beck.

Weyer, J. (2011). Zum Stand der Netzwerkforschung in den Sozialwissenschaften. In J. Weyer, *Soziale Netzwerke. Konzepte und Methoden der sozialwissenschaftlichen Netzwerkforschung* (2. Ausg., S. 39–69). Oldenbourg: Wissenschaftsverlag.

Wheeler, D., & Silanpaa, M. (1997). *The Stakeholder Corporation.* London: Pitman Publishing.

White, J. (1991). *How to Understand and Manage Public Relations.* London: Business Books.

Williams, S. E. (2008). Corporate Political Advocacy. In R. W. Kolb, *Encyclopedia of Business Ethics and Society* (S. 491–495). Thousand Oaks: SAGE.

Wilson, L. J. (1990). Corporate Issues Management. An International View. *Public Relations Review, 16* (1), S. 40–51.

Windsor, D. (2001). Public Affairs, Issues Management and Political Strategy. Opportunities, Obstacles and Caveats. *Journal of Public Affairs, 1* (1), S. 382–415.

Windsor, D. (2007). Toward a Global Theory of Cross-Border and Multilevel Corporate Political Activity. *Business & Society, 46* (1), S. 253–278.

Wolf, C. (2010). Egozentrierte Netzwerke: Datenerhebung und Datenanalyse. In C. Stegbauer, & R. Häußling, *Handbuch Netzwerkforschung* (S. 471–483). Wiesbaden: VS-Verlag.

Woll, C. (2012). The Brash and the Soft-Spoken: Lobbying Styles in a Transatlantic Comparison. *Interest Groups & Advocacy, 1* (2), S. 193–214.

Wrigh, J. R. (2003). *Interest Groups and Congress. Lobbying, Contributions, and Influence.* New York et al.: Longman.

Zerfaß, A., & Piwinger, M. (2014). *Handbuch Unternehmenskommunikation* (2. Ausg.). Wiesbaden: Gabler-Verlag.

Zetter, L. (2008). *Lobbying. The Art of Political Persuasion.* Hampshire: Harriman House.

Ziegler, R. (2010). Deutschsprachige Netzwerkforschung. In C. Stegbauer, & R. Häußling, *Handbuch Netzwerkforschung* (S. 39–53). Wiesbaden: VS-Verlag.

Anhänge

Tabellen- und Abbildungsverzeichnis[15]

Abbildung 1: Multinationale Unternehmen als komplexe Akteure 20
Abbildung 2: Corporate Public Affairs als Schnittstellenfunktion 22
Abbildung 3: Methoden und Instrumente des Corporate Public Affairs Management 27
Abbildung 4: Corporate Public Affairs als Teil der Corporate Communications 29
Abbildung 5: Ausgewählte Unterscheidungsmerkmale der PA und PR 31
Abbildung 6: Mehrkanalmodell des Corporate Lobbying 35
Abbildung 7: Handlungsdimensionen des ICPAM 39
Abbildung 8: Typologie politischer Handlungsebenen (Policy-Level) 40
Abbildung 9: Beispiele für Policy-Arenen (syn. Politikfelder) des ICPAM 41
Abbildung 10: Public Affairs – Fachvertreter, Journals und Berufsverbände 44
Abbildung 11: Studien zu Internationalem Corporate Public Affairs Management 47
Abbildung 12: ICPAM als zweidimensionales Konstrukt 54
Abbildung 13: Beispielkriterien für den finanziellen Impact einer Issue 58
Abbildung 14: Beispielkriterien für die Urgency einer Issue 58
Abbildung 15: Beispiele für den Scope einer Issue 59
Abbildung 16: Issues und Policies als Public-Affairs-Thementypen 62
Abbildung 17: Drei Phasen des Legislativprozesses 63
Abbildung 18: Programmformen politischer Steuerung 64
Abbildung 19: Typologie politischer Regulierung 65
Abbildung 20: CPA Thementypen und Themenattribute 66

---

15 Bei allen Abbildungen handelt es sich um eigene Abbildungen. Sofern gedankliche oder grafische Entlehnungen stattfanden, wurde dies mit dem Zusatz „in Anlehnung an" kenntlich gemacht.

Abbildung 21: Typologie der Stakeholder der Corporate
Public Affairs 70
Abbildung 22: Stakeholderattribute nach Mitchell et al. (1997) 73
Abbildung 23: Stakeholdertypen nach Mitchell et al. (1997) 74
Abbildung 24: CPA Stakeholdertypen und Stakeholderattribute 75
Abbildung 25: CPA als themenzentriertes Stakeholdermanagement 76
Abbildung 26: Attribute im Netzwerkmodell 78
Abbildung 27: Relationsdimensionen im Netzwerkmodell 79
Abbildung 28: Analytisches Modell des Akteurszentrierten
Institutionalismus 83
Abbildung 29: Corporate Public Affairs Netzwerkmodell
(Dummy-Variablen; UCINET 6) 88
Abbildung 30: Internationales Corporate Public Affairs Netzwerk
(Fiktives Beispiel) 90
Abbildung 31: Kommunikationsbeziehungen aus
netzwerkanalytischer Sicht 93
Abbildung 32: Zugang-Einfluss-Kontinuum (in Anlehnung an
Wright, 2003, S. 78) 97
Abbildung 33: Relationalattribute des Corporate Public Affairs
Netzwerkes 100
Abbildung 34: Individualattribute des Corporate Public Affairs
Netzwerkes 101

Abkürzungsverzeichnis

Abb.	Abbildung
ASEAN	Association of Southeast Asian Nations (Verband Südostasiatischer Nationen)
AzI	Akteurszentrierter Institutionalismus
Bspw.	Beispielsweise
Bzw.	Beziehungsweise
CC	Corporate Communications
CPA	Corporate Public Affairs
CPAM	Corporate Public Affairs Management
CSR	Corporate Social Responsibility
d.h.	Das heißt
Ed(s).	Editor(s)
Et al.	Lat. et alii (Maskulinum) bzw. et aliae (Femininum) Wortwörtlich „und andere" oder „und Kollegen/Kolleginnen"
EU	Europäische Union
f.	Folgende
ff.	Fortfolgende
Hrsg.	Herausgeber
I.	Informationen
I.d.R.	In der Regel
ICPA	International Corporate Public Affairs
ICPAM	International Corporate Public Affairs Management
IM	Issues Management
MNU	Multinationale Unternehmung
NGO(s)	Non Governmental Organization(s) (Nichtregierungsorganisationen)
PA	Public Affairs
PAC	Public Affairs Council
PAM	Public Affairs Management
Pol./pol.	Politisch
PPA	Public Policy Analysis (Politikfeldanalyse)
PR	Public Relations
R.	Regulierung
S.	Stakeholder
SM	Stakeholder Management (Anspruchsgruppenmanagement)
Sogen./sog.	Sogenannte
Soziopol.	Soziopolitische

Syn.	Synonym
UNO	United Nations Organization (Vereinte Nationen)
V.a.	Vor allem
WTO	World Trade Organization (Welthandelsorganisation)
z.B.	Zum Beispiel